Martin Schlumpf
Atomkraft – Das Tabu

Martin Schlumpf

Atomkraft – Das Tabu

Brauchen wir Kernkraftwerke?

Mit Beiträgen von
Simon Aegerter, Johannis Nöggerath, Alex Reichmuth,
Hans Rentsch, Walter Rüegg und Markus Saurer

EDITION **KÖNIGSTUHL**

Bei Fragen zur Produktsicherheit
Hersteller: Edition Königstuhl, Oberrainstrasse 22, CH-8735 St. Gallenkappel
Importeur EU: GVA, Postfach 2021, D-37010 Göttingen

Impressum

3. Auflage

Bild Umschlag:	Kernkraftwerk Gösgen
Gestaltung und Satz:	Stephan Cuber, diaphan gestaltung, Bern
Lektorat:	Manu Gehriger
Druck und Einband:	CPI books GmbH, Ulm
Verwendete Schriften:	Adobe Garamond Pro, Akrobat

ISBN 978-3-907339-36-7

Printed in Germany

www.editionkoenigstuhl.com

Inhalt

Stimmen zum Buch

Das vorliegende Buch von Martin Schlumpf kommt zur rechten Zeit. Was dem aufmerksamen Beobachter längst klar ist, nämlich dass die Erreichung der hehren Ziele der Energiestrategie 2050 und von Netto-Null unrealistisch ist, wird unter dem Eindruck der drohenden Stromversorgungskrise zunehmend auch in der Öffentlichkeit und hoffentlich auch in der Politik erkannt. Weder der Zubau an Stromerzeugung noch der Ausbau von Speichern und Netz vermögen zu genügen. Für die Gesellschaft stellt sich deshalb die Frage nach den Zielprioritäten: Was ist wichtiger, Versorgungssicherheit und Klimaschutz oder der Ausstieg aus der Kernenergie? Die Antwort kann nur lauten, dass die Kernenergie auch langfristig eine tragende Stütze der Energieversorgung sein muss. Martin Schlumpf zeigt dies eindrücklich.

Dr. Eduard Kiener, ehemaliger Direktor des Bundesamts für Energie

Die Schweiz steht vor gewaltigen Herausforderungen, die künftige Stromversorgung sicherzustellen und gleichzeitig die ambitionierten Klimaschutz-Ziele zu erreichen. Vor diesem Hintergrund brauchen wir dringend eine Antwort auf die Frage, ob wir uns den beschlossenen Ausstieg aus der Kernenergie überhaupt leisten können. Martin Schlumpf liefert mit seinem Buch eine notwendige Einordnung und gewichtige Argumente für eine Zukunft mit Kernkraft in der Schweiz.

Hans-Ulrich Bigler, Präsident Nuklearforum / Vorstandsmitglied Nucleareurope

Als Gründungspräsidentin der Women in Nuclear (WiN), die nun schon 30 Jahre alt ist und immer noch wächst und in über 100 Ländern mit über 35'000 Mitgliedern aktiv ist, freut es mich, dass Martin Schlumpf mit seinem Buch den deutschsprachigen Lesern zeigt, dass nur mit Kernenergie der Ersatz der Fossilen Energien erreicht werden kann. Für WiN stand immer der Dialog – vor allem mit Frauen, aber nicht nur – über alle Aspekte der Stromversorgung im Vordergrund: Technische, wirtschaftliche, sicherheitsrelevante aber auch emotionale Themen und vor allen die Ängste vor Radioaktivität und Kernenergie werden angesprochen. Wir versuchen die Menschen zu informieren, etwas, was Martin Schlumpf mit seinen eingängigen Grafiken auch macht.
Ich wünsche dem Buch den nötigen Erfolg, damit man auch im deutschsprachigen Raum einsieht, dass Sonne und Wind Kernenergie nicht ersetzen können.

Dr. Irene Aegerter, Physikerin

This titanic replacement requires efforts analogous to a WWIII: destroy/remove and reconstruct. Thus, it is vital that the public, governments and decisions be informed to make reasonable choices. The book of Martin Schlumpf cannot come at a better moment to communicate absolutely essential pieces of information. By putting physics, thermodynamics, engineering, demographics, economics back in the assessment of the relative merits of civil nuclear energy compared with solar energy, the book of Martin Schlumpf will help escape the aspirational dreams that characterizes many present discussions and decisions, to come back to earth and foster a resilient and harmonious energy replacement and future reasonably prosperous and stable societies.

Didier Sornette, Prof. em. on the Chair of Entrepreneurial Risks at ETH Zurich

In unseren herausfordernden Zeiten ist es besonders wichtig, sachlich, besonnen und kritisch mit allen verfügbaren Informationen die Möglichkeiten und Szenarien auszuloten, welche der Schweiz zur Verfügung stehen, um in Zukunft umweltschonend und preiswert Energie, insbesondere Strom, erzeugen und verbrauchen zu können. Denn ohne stabile Energie-Versorgung ist nicht nur der Wohlstand, sondern auch die gesellschaftliche und politische Stabilität gefährdet!
Das Buch von Martin Schlumpf beleuchtet «ohne Scheuklappen» die Möglichkeiten und Grenzen der Stromerzeugung in der Schweiz mit Einbezug aller verfügbaren Systemen, darunter auch der Kernenergie. Diese wurde in den letzten Jahrzehnten grösstenteils medial marginalisiert, und sie wird es weiterhin, denn rein nach Christian Morgenstern gilt: «… was nicht sein darf, kann nicht sein …». Dieses Buch bricht eine Lanze dafür, wieder Technologie-offener und sachlicher über die Schweizer Energiezukunft diskutieren zu können und setzt diesbezüglich auch einen hervorragenden Kontrapunkt zur allgemein verbreiteten medialen «Meinung» zur Kernenergie.

Dr. Matthias Horvath, Präsident Schweizerische Gesellschaft der Kernfachleute

Als Präsidentin des Energie Club Schweiz freut es mich, dass Martin Schlumpf, der Mitglied des Expertenbeirats ist, ein solch informatives Buch verfasst hat, das mit anschaulichen Grafiken nun als Nachschlagewerk für die Information der Bevölkerung vorliegt. Es hilft, mit klaren Fakten die Angst vor Atomkraftwerken zu vermindern und zeigt, wie wichtig Grundlast liefernde Kernkraftwerke für eine sichere, zuverlässige und klimafreundliche Stromversorgung sind. Ich gratuliere Martin Schlumpf zu diesem Werk und wünsche allen Lesern viel Vergnügen.

Vanessa Meury, Präsidentin Energie-Club Schweiz

Martin Schlumpf habe ich kennengelernt als einen ehemals linken Musikprofessor aus Zürich, der in Würenlingen gegen das Zwischenlager gekämpft hatte, wo er dafür viele Nachteile in Kauf nahm, was ihn am Ende aber nicht daran hinderte, weiterhin selber zu denken. Und wer selber denkt, kommt irgendeinmal zum Schluss, dass Atomkraft okay ist und viele unserer Probleme zu lösen vermag. Diesen Weg ging auch Martin – und es war eine grosse Freude für mich, ihn als Kolumnisten für den Nebelspalter zu gewinnen. Seine Grafiken, seine Texte gehören inzwischen zur Pflichtlektüre für jeden vernünftigen Menschen, der eine andere, eben vernünftige Energiepolitik wünscht – und sie zählen mit Recht zu den am meisten gelesenen Beiträgen im Nebelspalter.
Was Martin hier als Buch vorlegt, ist so gesehen die Fortsetzung des Journalismus mit anderen Mitteln. Ich bin überzeugt, dass er noch mehr Aufmerksamkeit damit erlangen wird – und das ist auch nötig. Wenn wir in den kommenden Jahren nicht in einer Ruinenlandschaft der energiepolitischen Luftschlösser sitzen wollen, wo es zu dunkel ist, um einen Lichtschalter zu finden, und falls doch, dieser kein Licht bringt, selbst wenn man ihn anstellt, dann verdienen Autoren wie Martin Schlumpf, dass man sie liest, damit wir auch richtig abstimmen. Mehr Licht, weniger Ideologie.

Markus Somm, Chefredaktor Nebelspalter.ch

Übersicht

Die zwölf durchnummerierten Kapitel bilden das Rückgrat dieses Buches. Es sind alles Beiträge, die ich im Zeitraum von November 2021 bis April 2022 für das Online-Magazin «Nebelspalter» geschrieben habe. Da ich dort als Grafik-Daten-Kolumnist arbeite, gibt es in jedem Text eine (oder mehrere) Grafiken, in denen wichtige Fakten zum Thema bildlich dargestellt sind. Herausgefordert durch die zunehmenden Schwierigkeiten der Schweizer Energiestrategie 2050 – spezifisch mit den Schwächen unseres Stromsystems – verfolge ich in diesen Beiträgen das Thema «Atom versus Solar». Um diese zentrale Frage dreht sich das ganze Buch: Können wir es uns leisten, aus der Kernenergie auszusteigen, und unser Elektrizitätssystem mit Wasserkraft und Erneuerbaren allein sichern? Ich glaube nicht, und das will ich hier begründen.

Ausgehend von der zentralen Frage der Zuverlässigkeit eines Energieträgers arbeite ich mich durch die Themen Ressourcenbedarf, Sicherheit, Kosten und Abfälle durch, bevor ich in Kapitel 10 eine Rückschau auf alle vorherigen Kapitel und eine Zusammenfassung mit spezifischen Bewertungen biete, die im Urteil gipfelt: «Atomkraft? Ja, bitte!» Wer den raschen Überblick sucht, steigt am besten mit diesem 10. Kapitel ein, um danach einzelne Fachbereiche separat zu vertiefen. Abgeschlossen wird dieses Rückgrat des Buches durch zwei weitere «Nebelspalter»-Beiträge, die sich mit den Zukunftsaussichten unserer Energiewende beschäftigen («Energiewende ins Nichts»). Bei all diesen Texten habe ich mich darum bemüht, objektiv, datenbasiert und gut verständlich zu schreiben. Alle, die das Bedürfnis nach vertiefter Information über die hier behandelten schwierigen und umstrittenen Themen haben, selber aber nicht genügend Zeit dafür investieren können, sollten hier auf ihre Rechnung kommen.

Um dieses Rückgrat gruppiert finden sich dann ein ausführliches Vorwort von Hans Rentsch, das die ganze Vorgeschichte der Energiewende aufrollt, sowie sechs sogenannte Vertiefungs-Exkurse. Das sind fachspezifische Texte zu Themen, die in meinen Beiträgen angeschnitten, aber nicht bis ins Detail behandelt sind. In Exkurs 1 beleuchtet *Alex Reichmuth,* wie die Medien bei heiklen Atom-Fragen wegschauen oder alarmistisch berichten. Im zweiten Exkurs folgen wir *Walter Rüegg* auf seiner Reise ins Innere von Tschernobyl. In den beiden Exkursen 3 erzählt zuerst *Simon Aegerter,* was in Fukushima geschah, worauf *Johannis Nöggerath* den detaillierten Sicherheits-Vergleich der japanischen mit den schweizerischen Kernkraftwerken macht. In Exkurs 4 beschreibt *Markus Saurer* aus ökonomischer Sicht, warum die Energiewende nicht nachhaltig ist. Und im letzten Exkurs 5 zeigt *Johannis,* warum wir die Laufzeit unserer Kernkraftwerke verlängern und den Bau neuer Kernkraftwerke angehen sollten.

Vorwort von Hans Rentsch

Wussten Sie, dass Strom aus Kernkraftwerken (KKW) unter Berücksichtigung aller Kosten nicht teurer ist als Wind- und Solarstrom? Oder war Ihnen bekannt, dass das Entsorgungsproblem für die vielen problematischen Materialien, die für Windräder und Photovoltaik verwendet werden, mindestens so anspruchsvoll und teuer ist wie für den «Atommüll»? Oder hatten Sie schon einmal gehört, dass Kernenergie im Vergleich die sicherste Form der Stromerzeugung ist?

Falls Ihre Antwort auf alle drei Fragen nein lautet, brauchen Sie sich keinen Vorwurf zu machen. Die seit Jahrzehnten laufende Dämonisierung der Kernenergie durch fundamentalistische KKW-Gegner und die permanente Gehirnwäsche durch Medien und Politik haben auch bei Ihnen ihre Wirkung hinterlassen. Höchste Zeit also, sich mit den Fakten auseinanderzusetzen, falls Sie wirklich auch bereit sind, liebgewonnene Vorurteile über Bord zu werfen. Diese Publikation liefert dafür die Grundlagen.

Chronologie einer überstürzten Energiewende

Im Jahr 2008 reichen die Betreiber der schweizerischen Kernkraftwerke drei Rahmenbewilligungsgesuche für den Bau von neuen KKW ein. Am 11. März 2011 kommt es in Japan zu einem gewaltigen Erdbeben mit einem verheerenden Tsunami und der Reaktorkatastrophe im KKW Fukushima Daiichi. Unmittelbar nach dem Unfall beschliesst das Eidgenössische Departement für Umwelt, Verkehr, Energie und Kommunikation (UVEK), die laufenden Verfahren für die Bewilligungsgesuche der neuen KKW zu sistieren. Danach geht alles unschweizerisch schnell, bevor auch nur eine erste Analyse dieses japanischen «worst case» vorliegt:

- Am 23. März beauftragt der Bundesrat das UVEK, die bestehende Energiestrategie zu überprüfen und die Energieperspektiven 2035 zu aktualisieren.
- Am 25. Mai fällt der siebenköpfige Bundesrat mit der Mehrheit der vier damaligen Bundesrätinnen einen Richtungsentscheid für einen schrittweisen Ausstieg aus der Kernenergie. Die bestehenden KKW sollen nicht durch neue ersetzt werden.

- In der Wintersession spricht sich auch das Parlament für den schrittweisen Atomausstieg aus. Es beauftragt den Bundesrat mit der Erarbeitung einer umfassenden Energiestrategie. Diese soll eine vom Ausland möglichst unabhängige Stromversorgung ohne Kernenergie sicherstellen.
- Am 18. April 2012 stellt der Bundesrat in einer Medienmitteilung fest, dass der schrittweise Ausstieg aus der Kernenergie technisch und wirtschaftlich machbar ist. Das UVEK wird mit der Erarbeitung eines ersten Massnahmenpakets beauftragt.
- Am 4. September 2013 verabschiedet der Bundesrat seine Botschaft zum neuen Energiegesetz als Teil des ersten Massnahmenpakets zur «Energiestrategie 2050».
- Am 30. September 2016 nehmen National- und Ständerat nach Abschluss der dritten Beratung des neuen Energiegesetzes die Vorlage in der Schlussabstimmung an.
- Am 31. Januar 2017 meldet die Bundeskanzlei, dass das Referendum gegen das neue Energiegesetz zustande gekommen ist.
- Am 21. Mai nimmt das Stimmvolk das neue Energiegesetz mit 58.2 Prozent der Stimmen an. Das Gesetz sowie die Ausführungsbestimmungen treten am 1. Januar 2018 in Kraft.

Im Anhang zum Gesetz findet sich das Verbot zum Bau von neuen KKW. Auf einem Faktenblatt des Bundesamtes für Energie (BFE) steht dazu: «Rahmenbewilligungen für die Erstellung neuer Kernkraftwerke sowie für grundlegende Änderungen an bestehenden Kernkraftwerken werden nicht mehr erteilt … Weiter wird das vom Parlament bereits früher beschlossene Moratorium für die Ausfuhr abgebrannter Brennstäbe zur Wiederaufarbeitung durch ein unbefristetes Verbot ersetzt.»

Der kurze Weg in die energie- und klimapolitische Sackgasse

Der in Aussicht gestellte Erfolg der ES2050 («Energiewende») gründete auf vier Annahmen:

- Einem massiven Ausbau von Solar- und Windstromanlagen sowie von Wasserkraft;
- Energieeinsparungen durch Effizienzsteigerungen;
- Stromimporten aufgrund eines Stromabkommens mit der EU;
- technologischen Quantensprüngen, insbesondere in der Speichertechnologie, um wegfallende Bandenergie aus KKW ohne Einbusse an Versorgungssicherheit durch volatilen Strom aus Solar- und Windanlagen zu substituieren.

Alle vier Bedingungen beruhten auf dem Prinzip Hoffnung. Schon bald wurden wir, durchaus voraussehbar, mit harten Tatsachen konfrontiert. Der erhoffte massive Ausbau der Produktionskapazitäten für PV- und Windstrom erwies sich schon bald als illusorisch. Beim Ausbau der Wasserkraft hätte allein schon der jahrzehntelange Konflikt mit Umweltschutzorganisationen um die Erhöhung der Grimsel-Staumauer übertriebene Erwartungen dämpfen müssen. Und selbst mit höherer Effizienz kann von Einsparungen beim Stromverbrauch keine Rede sein, wenn man gleichzeitig auf die möglichst weitgehende Elektrifizierung der Mobilität und der Gebäude setzt (Stichwort: Sektorkopplung).

Bezüglich Stromimporten waren die offiziellen Botschaften etwas widersprüchlich. Einerseits wurde im Vorfeld des Referendums über das Energiegesetz behauptet, dank der geplanten Massnahmen könne die Schweiz ihre Abhängigkeit von Stromimporten senken. Anderseits kam bald nach der Volksabstimmung eine möglicherweise bewusst zurückgehaltene BFE-Studie heraus, welche die entscheidende Rolle von Stromimporten und deshalb eines Stromabkommens mit der EU unterstrich. Man wusste aber schon seit langem, dass es ohne institutionelles Rahmenabkommen mit der EU kein Stromabkommen geben würde. Allerdings hatte die Schweiz nicht einmal ihre Hausaufgaben gemacht, obwohl man seit Jahren wusste, dass die vollständige Strommarktliberalisierung die Bedingung für ein Stromabkommen gewesen wäre. Ohne Stromabkommen verschärft sich die Herausforderung der notorischen Winterstromlücke. Dieses saisonale Problem haben wir schon heute, und es lässt sich nur mit Stromimporten lösen. Die Speicherkapazität der Pumpspeicheranlagen ist viel zu gering für den saisonalen Ausgleich.

Das Problem der Winterstromlücke wird sich mit der Abschaltung von KKW massiv verschärfen. Wirtschaftlich umsetzbare technologische Quantensprünge in der Speicherung zur Glättung der unregelmässig anfallenden Stromproduktion aus Sonne und Wind sind bei weitem noch nicht in Sicht. Laufende technische Entwicklungen auf diesem Gebiet entpuppen sich bald einmal als Scheinlösungen, sobald man die notwendigen Grössenordnungen ins Kalkül einbezieht.

Für das Gelingen der Energiewende müssten alle vier der oben aufgeführten wackeligen Annahmen gegeben sein, das heisst, es sind kumulative Bedingungen. Wer eine solche auf Sand gebaute «Energiestrategie» entwirft, müsste mindestens einen Plan B haben. Aber das hätte den unerwünschten Eindruck erwecken können, man glaube selbst nicht so recht an den Erfolg der Energiewende. Und so stehen wir heute – mit dem russischen Ukrainekrieg als Notfallbeschleuniger und unhaltbarer Entlastung von politischer Verantwortung – mit abgesägten Hosen da.

Die zuständigen Stellen in der Bundesverwaltung rotieren im Panikmodus. Bezeichnend dafür ist, dass jetzt, unter dem Druck der selbstverursachten Umstände mit möglichen Stromunterbrüchen schon im laufenden Winter, plötzlich von Stromabschaltungen und unpopulären Gaskraftwerken die Rede ist – von der bereits beschlossenen Verlängerung der KKW-Laufzeiten gar nicht zu reden. Dabei war das Energiegesetz dem Stimmvolk primär als Atomausstiegsvorlage präsentiert und von diesem auch so verstanden worden.

Stereotype Vorurteile statt Fakten zur Kernenergie

In jüngerer Zeit bietet nun der politische Eiertanz um die Aufhebung des Verbots neuer Kernkraftwerke im Energiegesetz einen eher zwiespältigen Unterhaltungswert. Auslöser der schweizerischen Diskussionen waren nicht zuletzt die Streitereien in der EU um die Taxonomie-Verordnung, die die Vorgaben für nachhaltige Investitionen definiert. Auf Wikipedia steht dazu: «Die Verordnung enthält die Kriterien zur Bestimmung, ob eine Wirtschaftstätigkeit als ökologisch nachhaltig einzustufen ist.»

Im gefundenen Kompromiss spiegelt sich in schönster Weise der typische EU-Opportunismus, einem Lehrstück, in dem wie so oft die beiden grossen Nachbarn die Hauptrolle spielen. Man hat zwar auf Forderungen Frankreichs und osteuropäischer EU-Länder – trotz Gegendruck von Deutschland und einigen anderen EU-Staaten – die Kernenergie als nachhaltig und «grün» taxiert. Im Gegenzug setzten sich erwartungsgemäss auch die deutschen Interessen durch, indem nun Energie aus Gaskraftwerken ebenfalls als nachhaltig gilt. Denn ohne diese «Brückentechnologie» als Backup für die volatilen Erneuerbaren müsste Deutschlands Energiewende mit der raschen Stilllegung der KKW und dem Ausstieg aus Kohle zwingend scheitern.

Der russische Krieg gegen die Ukraine und die russischen Kriegsspiele mit der Gaswaffe haben allerdings inzwischen die moralisch aufgeladene deutsche Energie- und Klimapolitik gewaltig durcheinandergewirbelt. Bislang sture ideologische Positionen wurden aufgeweicht, und die ganz bösen Fossilen Kohle und Öl sollen das Schlimmste für die nächste Zeit verhindern. Noch ist zum heutigen Zeitpunkt (August 2022) der Koalitionsstreit um die Abschaltung der letzten drei KKW nicht entschieden.

Die Meinungen über die Kernenergie sind über die Jahrzehnte zu stereotypen Vorurteilen geronnen, gegen die mit Sachargumenten nur schwer anzukommen ist. Es ist bemühend zu sehen, wie selbst in den Führungsgremien der schweizerischen

Bundesratsparteien Meinungen herumgereicht werden, die mit der Realität wenig bis nichts zu tun haben. So wird die ständige Erhöhung der Sicherheit von Anlagen der alten Generation II (alle Schweizer AKW) durch x-Millionen teure Nachrüstungen kaum je erwähnt, geschweige denn die weitere beträchtliche Reduktion der Risiken durch die neuen Generationen III und IV.

Statt dass man sich wieder unbefangen mit der Projektierung sicherer KKW der neuen Generation befasst, nachdem durch den «worst case»-Unfall von Fukushima zwar Evakuierungsopfer, aber keine Strahlenopfer zu beklagen waren, verlängert man lieber die Laufzeit der alten KKW. Auch an höchsten Stellen verweigert man den Blick über den Tellerrand – zum Beispiel nach Asien –, weil mit der Wahrnehmung der dortigen technologischen Entwicklung im realen Einsatz ein Argument für den Atomausstieg abhandenkommen könnte.

Natürlich ist da auch noch das mehrheitlich KKW-kritische Stimmvolk, wo das durchschnittliche Wissen um die hohe Komplexität eines nachhaltig sicheren Strom- und Energiesystems eher unterentwickelt ist. Die meisten Leute haben verständlicherweise andere Prioritäten, als sich aufwändig über dieses Thema zu informieren. So verwundert es auch nicht, dass in der VOTO-Nachbefragung zur Abstimmung über das Energiegesetz vier Fünftel der Befragten sagten, sie wünschten sich eine Schweiz ohne Kernenergie. Und bis heute ist gemäss einer repräsentativen Umfrage des Verbands der Schweizerischen Elektrizitätsunternehmen VSE eine Mehrheit der stimmberechtigten Bevölkerung gegen die Aufhebung des Verbots zum Bau von neuen KKW. Gut, wünschen kann man vieles, nur zerschellen Wünsche gerne an der harten Realität – so wie gerade jetzt die in die Energiewende eingebauten Illusionen.

Drei Lager, drei Argumente

Die AKW-Gegnerschaft besteht zu einem guten Teil aus drei unterscheidbaren Gruppen, allerdings mit gewissen Schnittmengen. Erstens gibt es die vielen oberflächlich Informierten, die sich ihre Meinungen mithilfe von Schlagworten in den Medien oder aus Parolen der ihnen nahestehenden Partei bilden. Die notwendigen Opfer an knapper Zeit, um sich vertieft über Fakten und Zusammenhänge zu informieren, sind ihnen zu hoch. Diese freiwilligen Ignoranten handeln in dem Sinne rational, als sich grosser Informationsaufwand nicht lohnt, wenn man an den fast infinitesimalen Einfluss einer einzelnen Stimme in Wahlen und Abstimmungen denkt.

Ein zweites Lager sind die Hugos. Vor der Abstimmung über das Energiegesetz vom Mai 2017 erklärte mir mein alter Schulfreund Hugo, weshalb er für das Gesetz stimme, gegen das als einzige Partei die SVP die Nein-Parole gefasst hatte. Er habe sich zwar nicht gut informiert, aber «ich werde doch nicht Blocher helfen, eine Abstimmung zu gewinnen!» In der Konstellation «alle gegen die SVP» – die übliche Situation in der Energie- und Klimapolitik – gibt es besonders viele Hugos. Das Wahlverhalten der Hugos nennt man in den USA «expressive voting». Man stimmt gar nicht zum Thema ab, sondern benützt die Abstimmung, um in einer Art symbolischem Akt emotionalen Gewinn zu erzielen. Der Nutzen daraus übertrifft die Informations- und Teilnahmekosten bei weitem.

Die dritte Gruppe besteht im Kern aus ideologisch fixierten Überzeugungstätern, die mit ihrer Opposition gegen die Kernenergie ihr Selbstbild als Progressive im Kampf gegen die Ewiggestrigen pflegen. Dieses Lager ist missionarisch unterwegs, bewirtschaftet die verbreitete diffuse Abneigung gegen «Atomstrom» und liefert der Öffentlichkeit mit Unterstützung geneigter Medien in ritueller Wiederholung die drei eingängigsten Schlagworte: Erstens: KKW sind gefährlich, siehe Tschernobyl und Fukushima (ein SRF-Radiohörer ergänzte die beiden Ereignisse noch mit Hiroshima). Zweitens: Das Entsorgungsproblem für den «Atommüll» ist nicht gelöst. Drittens: KKW sind viel zu teuer, kein Investor wird deshalb heute ein KKW bauen.

Mit diesen drei Killer-Argumenten und mit einigen anderen vorurteilsbeladenen Kritiken an der Kernenergie hat sich Martin Schlumpf in Nebelspalter-Beiträgen seit Dezember 2021 eingehend beschäftigt und diese – stets unter Beizug von Daten aus offiziellen Quellen – weitestgehend widerlegt. Diese Beiträge zu verbreiteten Irrmeinungen über die Kernenergie bilden das Rückgrat dieser Publikation. Zwischen den Beiträgen finden sich ergänzend Exkurse von Experten über verwandte Themen.

«Let my dataset change your mindset»

Martin Schlumpf ist als energiepolitischer Konvertit ein interessanter Fall. Ursprünglich war er als Musiker und Musikprofessor an der Zürcher Hochschule der Künste ideologisch fest in Kulturkreisen verankert. Mitte der 1980er-Jahre erfuhr er in seiner Aargauer Wohngemeinde Würenlingen von Ungereimtheiten um eine Mülldeponie. Er gründete einen Umweltverein, ging mit Gleichgesinnten der Sache auf den Grund und schuf mit seinem ersten politischen Engagement ziemlich viel Unruhe in der Gemeinde. Als wenig später bekannt wurde, dass in Würenlingen ein Zwischenlager für radioaktive Abfälle geplant war, hatte Schlumpf mit seinem Verein gleich wieder ein neues Oppositionsprojekt und wurde zum engagierten

AKW-Gegner. Mit seinen Aktivitäten steigerte er zwar in der Region seine Bekanntheit, nicht jedoch seine Popularität bei Behörden und in politisch gesetzteren Kreisen, wo er als «rotes Tuch» galt.

Schlumpfs Wende zum überzeugten Befürworter der Kernenergie war ein langer Prozess der neugierigen Beschäftigung mit anderen Sichtweisen und, damit verbunden, mit Daten und harten Fakten. Dabei ging es gar nicht unbedingt und in erster Linie immer um die Kernenergie, sondern auch um die Einbettung dieses Sonderthemas in grundsätzlichere Zusammenhänge. Er las Bücher von Matt Ridley (The Rational Optimist), Fritz Vahrenholt und Sebastian Lüning (Die kalte Sonne), Steven Pinker oder dem Energieökonomen Vaclav Smil. Als besonders wichtiger Einfluss auf Schlumpfs Denken ist schliesslich Hans Rosling zu erwähnen, der 2017 verstorbene Professor für Internationale Gesundheit am Karolinska Institutet und Direktor der Gapminder-Stiftung in Stockholm.

Dieser wurde berühmt durch seine bewegten Grafiken über den wirtschaftlichen und gesellschaftlichen Fortschritt der Menschheit. Damit kämpfte er datengestützt gegen die in der westlichen Öffentlichkeit verbreiteten Vorurteile und gegen den latenten Pessimismus. Man könnte sagen, dass Schlumpf Roslings Motto nachlebt, das lautet: Let my dataset change your mindset. Oder wie es der berühmte britische Ökonom John Maynard Keynes ausdrückte: Wenn die Fakten ändern, ändere ich meine Meinung. Die Wahrnehmung der Fakten kann sich ändern, weil man sich zuvor gar nicht eingehend mit ihnen befasst hat, aus Sorge, das eigene Weltbild könnte Schaden nehmen.

Martin Schlumpf hat als kernenergiepolitischer Konvertit mit seinen publizistischen Aktivitäten viel riskiert und dabei auch persönliche Beziehungen und Freundschaften aufs Spiel gesetzt. So lebt es sich halt in Zeiten, in denen ein schulstreikender jugendlicher Mob das Klima mit einem Systemwechsel, natürlich ohne Kernenergie, retten will und damit von vielen Erwachsenen Beifall erhält. Schlumpf hält als Jünger Roslings mit seinen Daten und Grafiken unbeirrt dagegen, und zwar mit dem gleichen Einsatz und derselben Energie wie damals als Aktivist gegen den «Atomstrom».

Schlumpfs Offenheit für neue Erkenntnisse aus vertiefter Beschäftigung mit verfügbaren Daten und Studien möchte man unseren politischen Akteuren an den Schalthebeln der Macht wünschen. Zum Beispiel all jenen Solarenergie-Predigern, die die Kernkraftwerke durch Photovoltaik ersetzen wollen – angefangen bei Energieministerin Sommaruga mit ihrem ganzen links-grünen Anhang. Auch in der politischen Mitte träumt man weiterhin von einer Offensive zugunsten von Solarenergie und Ausbau der Wasserkraft, um die Kernenergie zu ersetzen.

Verzerrte Meinungen über Kosten und Umweltlasten

Doch selbst wenn Schlumpfs Grafiken zum obligatorischen Lesestoff für Bundesrat und Parlament erklärt würden, wären kaum Kehrtwenden zu erwarten. Zu stark sind inzwischen die Interessenbindungen und Pfadabhängigkeiten, die sich durch die Leuthard'sche Energiewende entwickelt haben. Zudem sind nur wenige Menschen bereit, festgefügte Meinungen aufzugeben, besonders wenn diese einen wichtigen Teil ihres Selbstbildes sowie der Zugehörigkeit zu einem vertrauten sozialen Umfeld ausmachen. Lieber bestärkt man sich gegenseitig in seinen Vorurteilen, statt mutig die eigene Position in Frage zu stellen.

Fakten aus fundierten Studien verlässlicher Quellen gäbe es genug. Unter der Leitung von Dr. Stefan Hirschberg wurde schon vor Jahren am Paul-Scherrer-Institut (PSI) für die verschiedenen Technologien der Stromproduktion eine Methode zur Nachhaltigkeitsbewertung entwickelt. Im PSI-Energie-Spiegel Nr. 20 vom Juni 2010 wurde die Multi-Kriterien-Analyse genannte Methode näher beschrieben. Diese sollte ermöglichen, die gemessenen wirtschaftlichen und umweltrelevanten Indikatoren mit subjektiven gesellschaftlichen Wertvorstellungen zu kombinieren. Die Nachhaltigkeit der einzelnen Technologien im Vergleich hängt davon ab, welches Gewicht den Indikatoren gegeben wird.

Solche Bewertungsversuche sind vor allem deshalb interessant, weil die Methodik Transparenz herstellt. Allerdings sind die Hauptkriterien Wirtschaft, Umwelt und Gesellschaft in gewissem Sinne nicht unabhängig voneinander. In den weichen Gesellschaftsindikatoren widerspiegelt sich eine verzerrte Wahrnehmung von quantitativ mess- und bewertbaren Indikatoren über Wirtschaftlichkeit und Umweltfaktoren. Setzt man auf eine möglichst breite gesellschaftliche Akzeptanz, erhalten Kernenergie und andere thermische Grosskraftwerke wenig Pluspunkte. Dagegen sind Wind- und Solarstrom in der Bevölkerung populär und kommen in der gesellschaftlichen Bewertung viel besser weg, als sie es aufgrund der tatsächlichen Kosten und Umweltlasten verdienen würden.

Anders gesagt: Wenn die grosse Masse der Leute über die wahren Kosten und Umweltbelastungen besser informiert wäre, käme bei der gesellschaftlichen Akzeptanz eine andere Bewertung der verschiedenen Technologien der Stromproduktion heraus. Martin Schlumpfs Nebelspalter-Grafiken sind der verdienstvolle Versuch, der Informationsverzerrung in Politik und Bevölkerung entgegenzuwirken.

1 Zuverlässigkeit

Atomkraft ist zuverlässiger als Sonnenenergie

Die geplante Substitution von Atomkraftwerken durch Fotovoltaik schafft zunehmende Versorgungsprobleme – vor allem im Winter. Denn Sonnenstrom ist bei weitem nicht so effizient wie Atomstrom.

Bundesrätin Sommaruga hat neuerdings zwar erkannt, dass wir gegen Ende Winter ein Versorgungsproblem beim Strom haben, sie redet es aber immer noch klein. Gleichzeitig empfiehlt sie den raschen und massiven Ausbau der Erneuerbaren, vor allem der Solaranlagen. Das aber ist ein Widerspruch in sich, weil die Stromeinspeisung von Fotovoltaik (PV) und Kernkraftwerken (KKW) völlig verschieden ist.

Um dies in physikalischer Realität zu zeigen, braucht man die Stundendaten der Plattform der europäischen Übertragungsnetzbetreiber Entso-e (European Network of Transmission System Operators for Electricity[1]). Auf der Webseite dieses Verbandes kann man die Stromflüsse Europas sozusagen in Echtzeit beobachten. Ebenso ist es möglich, vollständige Datensätze aller europäischen Länder herunterzuladen.

Einspeisung und Verbrauch gegenübergestellt

Die hier gezeigte Grafik beruht auf dieser Quelle. Sie beantwortet die Frage: Wie sieht die Stromerzeugung aus Kernkraftwerken und PV-Anlagen in zeitnaher Auflösung über ein ganzes Jahr aus? Weil auf Entso-e nicht die vollständige Stromerzeugung der Schweiz abgebildet ist, habe ich sämtliche Stundendaten der einzelnen Träger so umgerechnet, dass sie in der Jahressumme mit den offiziellen Werten aus der Elektrizitätsstatistik des Bundesamtes für Energie, BFE, übereinstimmen.

1 Entso-e Transparency Platform, https://transparency.entsoe.eu/

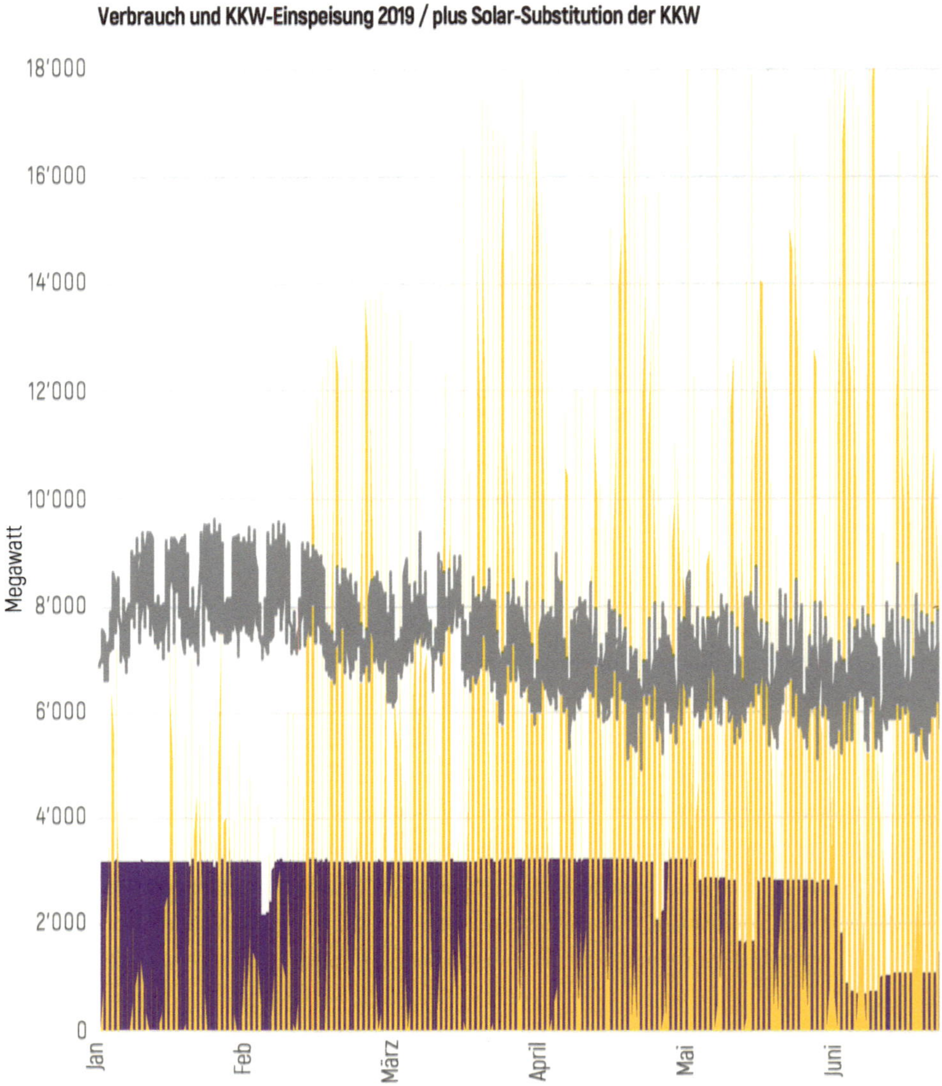

Als Referenzjahr habe ich 2019 gewählt, weil in diesem Jahr der Verbrauch noch nicht durch Corona beeinträchtigt wurde. Die Grafik zeigt also für dieses Stichjahr erstens die tatsächliche Stromeinspeisung der Kernkraftwerke, zweitens die hochgerechnete Einspeisung der PV-Anlagen unter der Bedingung, dass sie dieselbe Jahresmenge Strom liefern wie die KKW, sowie drittens den Verbrauch – und zwar in allen 8760 Stunden des Jahres.

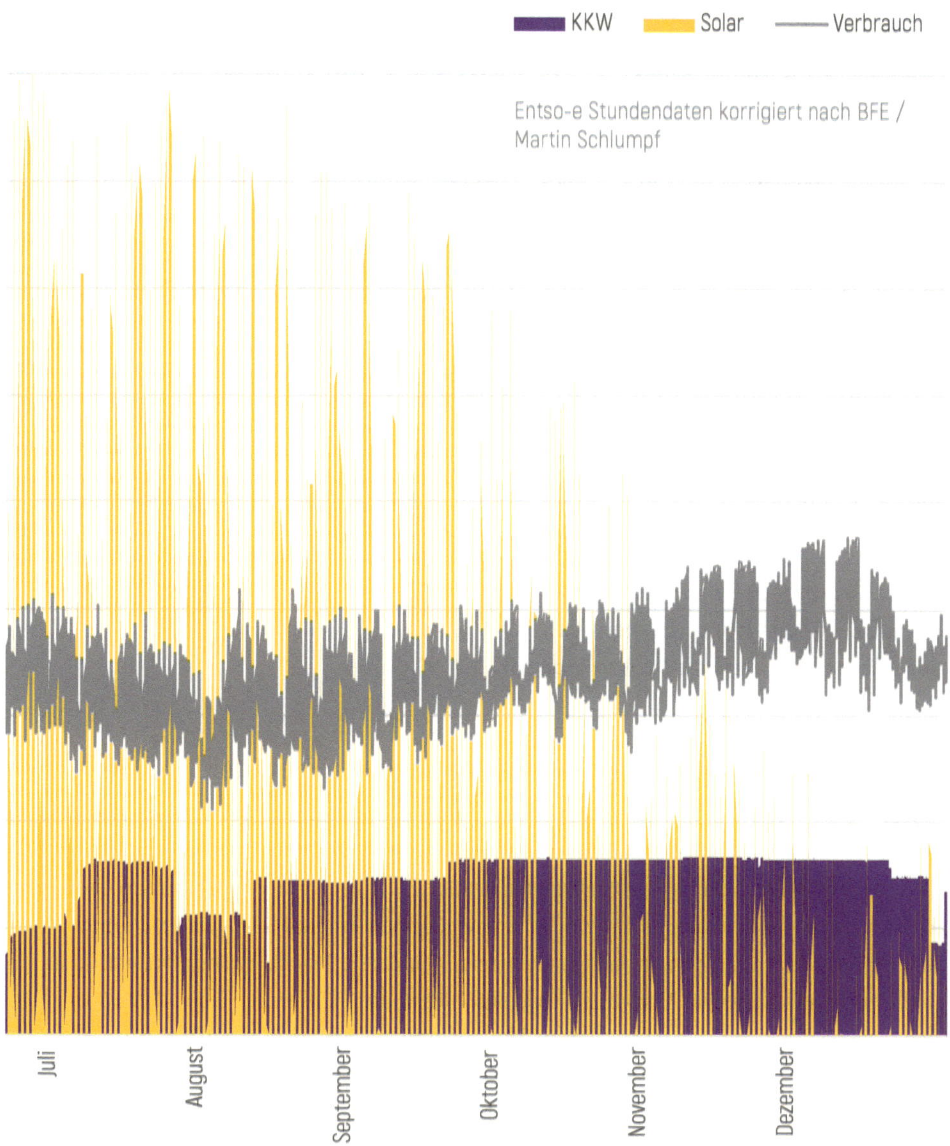

Dass Sie eine solche Grafik in Stundenwerten noch nie gesehen haben – es gibt sie in keiner Statistik des Bundes –, deutet auf eine Grundproblematik der Energiewende hin: Den meisten Menschen ist die physikalische Realität der Elektrizitätsversorgung ein Buch mit sieben Siegeln – offenbar auch vielen Politikerinnen und Politikern.

Atomkraft ist zuverlässig und verbrauchsgerecht

Schauen wir deshalb genau hin: Die reale KKW-Einspeisung im Jahr 2019 (violett, unten) zeigt eine typische Bandstromsituation: Mehr oder weniger konstant wird in jeder Stunde des Jahres die gleich grosse Menge Strom geliefert, im Schnitt sind es 2885 Megawatt. Die abweichende Minderproduktion, vor allem im Juni, ist auf die notwendige Revision der Kernkraftwerke zurückzuführen, bei der auch einzelne Brennstäbe ersetzt werden. Sie wird in den Sommer verlegt, weil dann der Verbrauch (grau, in der Mitte) tiefer ist als im Winter. Die Atomkraft-Einspeisung ist insgesamt also zuverlässig und verbrauchsgerecht.

Ganz anders verhält sich der Strom aus PV-Anlagen (gelb), der hier modellhaft unter folgenden Bedingungen berechnet wurde: Erstens entspricht er in der Jahressumme genau der Einspeisung aus den KKW, er substituiert also den Atomstrom von gut 25 Terawattstunden vollständig. Und zweitens geschieht dies, indem die reale Stundeneinspeisung aus Solaranlagen des Jahres 2019 nach Entso-e-Werten um den entsprechenden Faktor multipliziert wird, damit das gleiche Jahrestotal wie beim Atomstrom entsteht. Die gelbe Kurve zeigt also den Strominput einer fast 12-fachen Ausweitung der heutigen PV-Flächen an denselben Standorten und mit denselben Neigungswinkeln wie bisher.

Sommerüberschüsse und Winterknappheit bei der Fotovoltaik

Auch wenn wegen der hohen Auflösung (8760 Datenpunkte auf der Horizontalen) gewisse Details verborgen bleiben, so ist doch ins Auge stechend, wie fundamental diese Einspeisungsform von derjenigen der KKW abweicht: Erstens fallen die vielen kleinen Solarkraftwerke über Nacht naturgegeben immer aus, was zu einer Kette von einzelnen Tagesspitzen führt. Zweitens zeigen sie starke Ertragsschwankungen im Rhythmus weniger Tage, und drittens bildet die Hüllkurve über das ganze Jahr den systemtypischen jahreszeitlichen Verlauf von Sommerüberschüssen und Winterknappheit ab.

Wie steht es also mit der Zuverlässigkeit des Solarstroms? Offensichtlich schneiden hier die PV-Anlagen viel schlechter ab als der Atomstrom: Eine Energiequelle, die ständig ausfällt und darüber hinaus noch so unterschiedlich liefert – notabene nach den Launen der Natur – muss als völlig unzuverlässig bezeichnet werden.

Nur 10 Prozent Auslastung beim Sonnenstrom

Dieses Urteil wird bestätigt durch die Betrachtung der sogenannten Arbeitsauslastung. Dabei setzt man die Strommenge, die ein Kraftwerk bei ununterbrochenem Einsatz und voller Leistung während einem Jahr liefert, als 100 Prozent. Davon ausgehend berechnet man anhand der tatsächlichen Leistung den Prozent-Anteil der Arbeitsauslastung dieses Energieträgers. Die Kernkraftwerke kamen 2019 auf 87 Prozent, die PV-Anlagen aber nur auf 10 Prozent. Das heisst, die Solarpanels liefern durchschnittlich während einer Stunde die maximale Leistung, dann stehen sie neun Stunden still. Oder im direkten Vergleich: Die Atomkraftwerke sind fast 9-mal effizienter – also zuverlässiger – als die PV-Anlagen.

Aber auch beim Kriterium der Konsumentenfreundlichkeit muss man dem Solarstrom schlechte Noten geben: Sein Sommer-Winter-Verhalten widerspricht den Ansprüchen der Verbraucher fast diametral. Wie die Grafik zeigt, liegt die Verbrauchskurve (grau) von April bis September auf einem etwas tieferen Niveau als im Winterhalbjahr. Massiv in die andere Richtung geht es aber beim PV-Strom: von mageren Winterhöchstwerten zwischen 2000 und 4000 Megawatt pro Stunde bis zu überschiessenden Sommerspitzenwerten zwischen 12'000 und 18'000 Megawatt pro Stunde.

Das Märchen von der Stromspeicherung

Viele werden jetzt einwenden, dass wir den sommerlichen Überschussstrom einfach für den Winter speichern können. Dies ist aber ein reines Wintermärchen, denn für die erforderliche Langzeitspeicherung gibt es noch keine im geforderten Ausmass etablierte Technologie, die auch nur einigermassen kostengünstig ist.

Nur bei einem Aspekt der Versorgungsfreundlichkeit kann der Solarstrom punkten: Seine Spitzenwerte liegen naturgegeben um die Mittagsstunden, zu einer Zeit also, wo auch der Tagesbedarf etwas ansteigt. Bei einem Ausbau der Solaranlagen, wie hier simuliert, sind die Grössenordnungen allerdings unvergleichbar: Während der Verbrauch am Mittag nur etwa um 1500 Megawatt grösser ist als am Morgen (andeutungsweise sichtbar als graue Zackenlinie in der Grafik), so schiessen die gelben Solarspitzen von null bis zu 18'000 Megawatt hoch: Hier von verbrauchsgerecht zu sprechen, ist unsinnig.

Die Schwächen der Solareinspeisung werden durch die Wasserkraft verstärkt

Und schliesslich dürfen wir nicht vergessen, dass wir die Solaranlagen in Ergänzung zur Wasserkraft installieren wollen. Diese hat aber dieselbe Schwäche bei der Bedarfsgerechtigkeit: Ihre natürlichen Wasserzuflüsse fallen zum grossen Teil im Sommer an (im hydrologischen Jahr 2019/20 waren es fast 69 Prozent). Zwar wird dieser Sommerüberschuss durch unser System der Speicherseen zugunsten einer Mehrproduktion im Winter geglättet, aber auch dann noch liefert die Wasserkraft im Winterhalbjahr durchschnittlich nur gut 40 Prozent: Die Winterschwäche der Solareinspeisung wird durch die Wasserkraftwerke also nochmals deutlich verstärkt.

Fassen wir zusammen: Einer bedarfsgerecht steuerbaren, zuverlässigen und in hohem Masse effizienten Atomstromerzeugung steht eine vom Sonnenstand abhängige, unzuverlässige und vor allem nicht verbrauchsgerechte PV-Einspeisung gegenüber. Aufgrund dieser Charakterisierung ist es höchst erstaunlich, warum Frau Sommaruga einen raschen und starken Ausbau der PV-Anlagen propagiert.

2 Winterstromlücke

Solarstrom vergrössert die Winterstromlücke um das Dreifache

Der Ersatz der Atomkraftwerke durch Fotovoltaik würde eine gewaltige Stromlücke im Winter schaffen. Der Speicherbedarf, um die Lücke zu decken, wäre enorm. Dabei ist die geplante Elektrifizierung im Gebäude- und Verkehrsbereich noch nicht einmal berücksichtigt.

Wahrscheinlich kennen Sie Aussagen wie: «Die soeben neu eingeweihte Solaranlage liefert den Strom für so und so viele Haushalte». Solche Sätze sind zwar rein theoretisch richtig – bezogen auf eine Jahresgesamtabrechnung –, in Wirklichkeit aber sind sie irreführend: Kein Haushalt erhält in der Nacht Strom aus einer Fotovoltaik-Anlage (FV). Eine relevante Analyse volatiler Energieträger wie Wind und Sonne muss also immer zeitnah vorgehen.

Genau das habe ich mit meiner letzten Grafik (Kapitel 1) gemacht: Erst mit dem Bild aus 8760 Stundenwerten des Jahres wurde erkennbar, wie viel schlechter Solarstrom gegenüber Atomstrom bei den zwei wichtigsten Kriterien der Stromerzeugung abschneidet: der Verlässlichkeit und der Bedarfsgerechtigkeit. Nun nehme ich den Ball wieder auf und zeige, welche konkreten Folgen sich daraus ergeben.

Die Schweiz ist keine Strominsel

Zuerst müssen wir auf der Inputseite das Schweizer Stromsystem vervollständigen. Als Richtschnur dienen die Zahlen der Schweizerischen Elektrizitätsstatistik. Input heisst hier Nettoerzeugung, und in unserem Modelljahr 2019 beträgt diese 67,8 Terawattstunden (TWh). Der grösste Teil davon kommt aus Wasserkraftwerken mit 40,6 TWh, die Kernkraftwerke tragen 25,3 TWh bei und darüber hinaus bleibt ein kleiner Rest von 1,9 TWh.

Da wir uns hier mit der Frage beschäftigen, was passiert, wenn die Atomkraftwerke durch PV-Anlagen ersetzt werden, verwende ich für die 25,3 TWh die Stundenwerte der hochgerechneten Solareinspeisung, wie sie in der letzten Grafik als gelbe Kurve zu sehen waren. Dazu kommen neu die Entso-e-Stundendaten für die 40,6 TWh der Wasserkraft. Die fehlenden 1.9 TWh habe ich als konstanten Bandstrom hinzugefügt.

Dieser Nettoerzeugung von 67,8 TWh steht ein Landesverbrauch von nur 61,5 TWh gegenüber. Weil aber beim Strom Erzeugung und Verbrauch immer gleich gross sein müssen, ist die Differenz zwischen diesen beiden Zahlen identisch mit dem Saldo aus Strom-Import und -Export: Die Schweiz ist ja keine Strominsel, sondern sie ist über viele Leitungen mit dem umliegenden Ausland verbunden. Die Differenz von 6,3 TWh sind als Ausfuhrüberschuss in die Nachbarländer abgeflossen.

2019 war ein ideales Modelljahr

Ein so hoher Exportüberschuss ist aber ungewöhnlich, er liegt weit über dem 10-jährigen Mittel von 0,2 TWh. Hauptsächlich dafür verantwortlich ist ein maximaler Erzeugungsbeitrag aus der Wasserkraft, die vor allem im Sommer Rekordwerte erzielte. Dazu kommen noch gute Zahlen auch aus den Atomkraftwerken und ein leicht tieferer Verbrauch.

Wir haben mit 2019 also ein ideales Modelljahr, in dem landesintern deutlich mehr Strom erzeugt als verbraucht wurde. Das heisst aber keineswegs, dass es nicht auch in einem solchen Jahr Stromdefizite in kritischen Zeiten gegeben hat. Wie weit das hier der Fall ist, können wir mit unserem System nun für jede Stunde des Jahres berechnen: Ergibt sich aus der Differenz von «Erzeugung minus Verbrauch» ein positiver Wert, haben wir einen Überschuss, kommt ein negativer Wert heraus, bedeutet das ein Defizit. Die folgende Grafik zeigt die Resultate für das gesamte Jahr.

PV statt KKW: Defizite und Überschüsse 2019

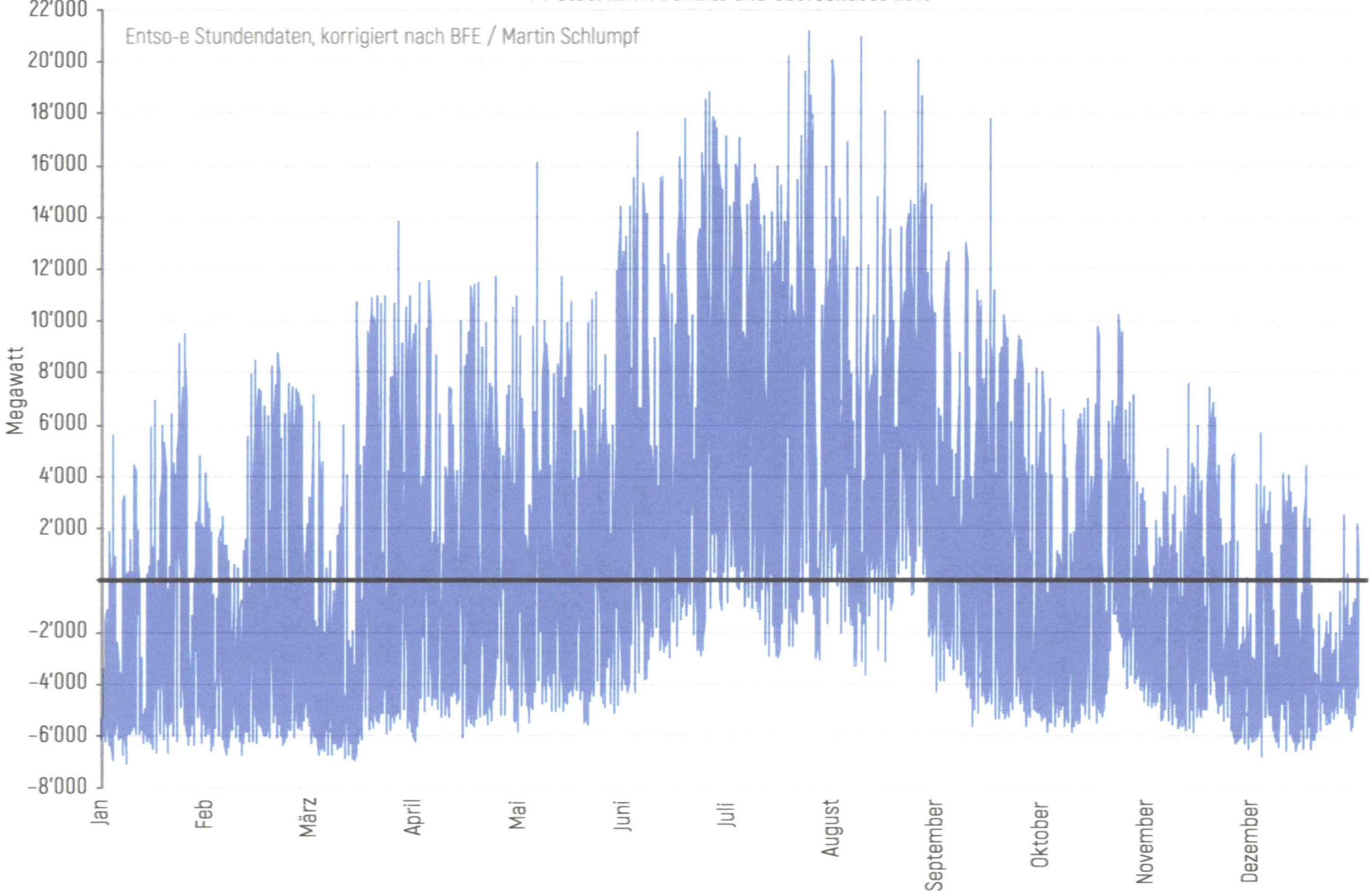

Auch wenn man beachten muss, dass die Grafikauflösung für 8760 Datenpunkte auf der horizontalen Achse zu einem verschwommenen Bild führt, sieht man doch sehr eindrücklich die massiven Überschüsse im Sommer, mit Spitzenwerten bis gegen 20'000 Megawatt pro Stunde – das entspricht etwa dem Dreifachen des Verbrauchs. Diese Sommerlastigkeit ist vor allem dem Umstand geschuldet, dass sowohl PV-Anlagen als auch Wasserkraftwerke im Sommer mehr einspeisen. Die Defizite, die hauptsächlich im Winter anfallen, schlagen deutlich weniger aus. In der Jahresabrechnung ergibt sich folgendes Resultat: Die Bruttoüberschüsse (alles über der Nulllinie) summieren sich auf 22.9 TWh, die Bruttodefizite (alles unter der Nulllinie) auf 16,7 TWh.

Drei Viertel der Jahresdefizite fallen im Winter an

Für die Versorgungssicherheit eines Stromsystems sind Defizite aber viel problematischer als Überschüsse, weil wir bei diesen gänzlich von Auslandimporten abhängig sind. Bei den Überschüssen kann man entweder die Eigenproduktion drosseln (Wasser an den Turbinen vorbeilaufen lassen, PV-Anlagen abregeln, Strom für überflüssige Dinge «nutzen») oder ihn exportieren (wie die Deutschen, die im Notfall sogar dafür bezahlen).

Aus diesem Grund konzentriere ich mich hier auf die Defizite, und weil diese in der kalten Jahreszeit grösser sind, auf das Winterhalbjahr. Wie die Rechnungen zeigen, fallen drei Viertel der Jahresdefizite im Winter an, in absoluten Zahlen sind das 12,4 TWh. So gross ist also das Winterstromloch. Und die Grössenordnung wird bestätigt durch eine Empa-Studie von 2019, die ebenfalls auf Stundenwerten aufgebaut ist (Martin Rüdisüli et al.).[2] Unter analogen Bedingungen kommen die Empa-Forscher dort auf 13,4 TWh.

Wie soll man sich nun vorstellen, was eine Winterlücke von 12,4 TWh bedeutet? Einmal kann man sie vergleichen mit dem Durchschnitt der Winterdefizite der letzten zehn Jahre, der 4,3 TWh beträgt. Allein der vollständige Ersatz der Atomkraftwerke durch PV-Anlagen würde den Stromeinfuhrbedarf im Winter also verdreifachen: Wir wären dreimal mehr auf unsere Nachbarn angewiesen. Angesichts der Entwicklung im Elektrizitätsbereich in Deutschland und Frankreich ein alarmierender Befund.

2 Martin Rüdisüli et al., 2019 https://www.dora.lib4ri.ch/empa/islandora/object/empa%3A19413/datastream/PDF/R%C3%BCdis%C3%BCli-2019-Impacts_of_an_increased_substitution-%28published_version%29.pdf

460 Linth-Limmern-Werke für die Speicherung notwendig

Andrerseits drängt sich wegen den vielen Überschüssen die Frage nach der Speicherung auf. Dabei gilt es zu unterscheiden, zwischen Kurz- und Langzeitspeicherung. Mit Kurzzeitspeicherung könnte man erreichen, dass alle Winterüberschüsse in die Kompensation der Winterdefizite gelenkt würden. Wenn wir das dereinst realisieren können, würde die Winterlücke auf 8,0 TWh sinken. Und rein theoretisch liesse sich mit optimaler saisonaler Langzeitspeicherung das ganze Winterloch decken – allerdings nur, weil 2019 eine rekordhohe Erzeugung aufweist.

Weiter können wir überlegen, was es bedeuten würde, die gesamte Winterlücke von 12,4 TWh mit heute etablierten Speichertechnologien zu überbrücken. Nehmen wir als erstes die Pumpspeicherung mit dem Transfer von Wasser zwischen zwei verschieden hohen Seen. Das leistungsmässig grösste dieser Werke ist Linth-Limmern. Für die saisonale Speicherung müsste der obere Muttsee mit Überschussstrom aus dem Sommer gefüllt und im Winter bei Bedarf wieder geleert werden. Wenn wir von den 0.033 TWh, die so erzeugt werden können, 20 Prozent für das Pumpen und Turbinieren abziehen, würde es 460 Linth-Limmern-Werke brauchen, um das Winterloch zu stopfen – bei Kosten pro Werk von 2,1 Milliarden Franken.

Neue Speicherseen bauen oder Staumauern erhöhen

Dies ist natürlich ein völlig absurdes Beispiel, das ich nur gebracht habe, weil immer wieder behauptet wird, mit Pumpspeicherung könne man das Sommer-Winter-Problem lösen: Nein, so geht es nicht. Aber wir haben ja auch viele Speicherseen, die auf natürliche Weise gefüllt werden. Das grösste dieser Systeme ist Grande Dixence mit 4 Kraftwerken im Rhonetal. Hier liegt die maximale Speicherkapazität bei etwa 1,9 TWh. Mit entsprechendem Management wäre eine solche Grössenordnung im Winter also abrufbar. Das bringt aber auch nichts, denn das sind ja keine zusätzlichen Kapazitäten: Schon heute wird damit der natürliche Wasserzufluss, der im Sommer viel grösser ist, zum Winter hin geglättet. Um die Winterlücke zu verkleinern, müssten wir neue Speicherseen bauen, oder bestehende Staumauern erhöhen.

Und schliesslich noch ein Wort zur Power-to-Gas-to-Power-Speicherung, also dem Prozess Elektrolyse, Wasserstoffspeicherung und Rückverwandlung in Strom durch ein Gas-und-Dampf-Kombikraftwerk, mit dem tatsächlich Saisonspeicherung möglich ist. Die Verluste summieren sich dabei aber auf sage und schreibe über 70 Prozent. So ist es kein Wunder, dass in den «Energieperspektiven 2050+»

des Bundes dieser Weg keine Rolle spielt. Der Physiker Simon Aegerter hat in seinem Buch «Das Wachstum der Grenzen» die Kosten für eine Speicherung von 3 TWh auf ungefähr 100 Milliarden Franken geschätzt – man rechne also.

Verhindern, dass wir zu viele Gaskraftwerke bauen müssen

Was also sollen wir tun, um wegen einer drohenden Verdreifachung unserer Winterstromlücke nicht das hohe Risiko einer Importabhängigkeit von Frankreich und Deutschland einzugehen? Wir sollten das Undenkbare denken: Neben einem moderaten Ausbau der Solaranlagen sollten wir die Kernenergie-Option offenhalten. Wir sollten dafür sorgen, dass die noch verbleibenden Atomkraftwerke so lange wie möglich sicher laufen können, damit wir genügend Zeit haben, neue kleine modulare Reaktoren der 4. Generation dort zu bestellen, wo sie am sichersten und günstigsten sind. Damit könnten wir hoffentlich verhindern, dass wir allzu viele Gaskraftwerke bauen müssen.

Exkurs 1

Alex Reichmuth

Das Versagen der Medien beim Atomthema

Ich bin in der Region Basel aufgewachsen. Wer dort gross wird, ist fast automatisch Atomgegner. Für mich war die Atomkraft lange Zeit etwas Bedrohliches. Als Jugendlicher nahm ich an Demonstrationen gegen das geplante AKW Kaiseraugst teil. Und ich erinnere mich gut an die Tage nach der Atomkatastrophe in Tschernobyl 1986, als alle Angst hatten, wegen der erhöhten Radioaktivität gesundheitlichen Schaden zu erleiden.

Als Journalist setzte ich mich dann nach dem Atomunglück in Fukushima 2011 vertieft mit der Kernkraft auseinander. Ich recherchierte intensiv dazu und veröffentlichte zahlreiche Artikel, weil das Thema in diesen Wochen und Monaten fast omnipräsent war. Ich erlebte diese Recherchen als sehr spannend. Denn ich erfuhr immer wieder Dinge, von denen ich zuvor noch nie gehört hatte.

Zum Beispiel brachte ich in Erfahrung, dass bei der Atomkatastrophe von Tschernobyl wegen der Strahlung nur einige Dutzend Menschen erwiesenermassen ums Leben gekommen waren – vor allem Arbeiter, die nach dem Unglück im Einsatz gestanden waren. Man schätzte zwar, dass die erhöhte Strahlung zusätzlich zum Tod von mehreren Tausend Personen geführt haben muss. Meine Recherchen ergaben aber, dass es keine Belege für diese Todesfälle gab. Solche Schätzungen beruhten einzig auf der Annahme, wonach auch relativ tiefe Radioaktivitäts-Dosen schädlich sind – eine Annahme, die nur aus Gründen der Vorsicht getroffen worden war.

Ich war erstaunt. Denn bis anhin glaubte ich, dass wegen der Strahlung in Tschernobyl viele Zehntausende, wenn nicht sogar Hunderttausende Menschen gestorben waren.

Weiter brachte ich in Erfahrung, dass radioaktiver Strahlung lange Zeit eine heilende Wirkung zugestanden wurde. Insbesondere Kurorte wie St. Blasien im Schwarzwald, Bad Gastein in Österreich oder Lurisia in Italien hatten früher damit geworben, dass ihre thermischen Quellen mit strahlendem Radon versetzt sind.

Auch waren in den 1930er-Jahren zahlreiche Produkte im Umlauf, die explizit mit dem Hinweis auf ihre Strahlung angepriesen wurden – etwa die radioaktive Seife «Tho-Radia», die radioaktive Hautcreme «Radiocremeline» oder die radioaktive Unterwäsche «Iradia». Meine Recherchen ergaben zudem, dass es zahlreiche wissenschaftliche Hinweise gibt, wonach Radioaktivität in tiefen Dosen die Gesundheit fördert und möglicherweise vor Krebs schützt.

Davon hatte ich zuvor noch nie etwas gehört. Ich war erstaunt. Denn ich hatte bis anhin angenommen, dass Radioaktivität in jedem Fall eine der tödlichsten Bedrohungen auf Erden ist.

Besonders aufschlussreich war eine Führung durch das Felslabor Mont Terri im Kanton Jura, in dem die Einlagerung von Atomabfällen erprobt wird. Dabei erfuhr ich, dass bis ins Detail geklärt ist, wie der radioaktive Abfall aus den Kernkraftwerken entsorgt werden soll: Dieser wird in Behältern mit einer 15 Zentimeter dicken Stahlschicht gefüllt. Die Behälter werden in eine Schicht von sogenanntem Bentonit eingelagert, das austretendes Material sofort absorbiert. Das Ganze kommt in Opalinuston zu liegen – eine Gesteinsschicht, in der keine Wasserflüsse möglich sind, und die sich seit Jahrmillionen nicht verändert hat.

Ich war wiederum erstaunt. Denn bis anhin war ich der Meinung gewesen, dass das Problem des radioaktiven Abfalls aus den AKW völlig ungelöst ist.

Bei mir kamen grundsätzliche Fragen auf: Wie konnte es sein, dass meine Kenntnisse über Atomkraft und Radioaktivität so unvollständig gewesen waren? Wie war es möglich, dass ich über Vieles zu diesen Themen sogar ausgesprochen falsch informiert gewesen war? Denn immerhin hatte ich mich schon seit vielen Jahren für Umweltthemen interessiert.

Allmählich wurden mir die Ursachen dieser Desinformation klar: Es lag an den Medien, die zu den Themen Kernkraft und atomare Strahlung systematisch unvollständig und einseitig berichteten.

Im Frühling 2013 konnte ich diese Einseitigkeit besonders eindrücklich mitverfolgen. Damals veröffentlichte der wissenschaftliche Ausschuss der Uno für die Folgen der Strahlung (UNSCEAR) den bis dahin umfassendsten Bericht zu den Folgen des Atomunglücks in Fukushima. Achtzig weltweit führende Forscher hatten daran mitgearbeitet. Der Bericht kam zum Schluss, dass die Strahlung, die bei diesem Nuklearunfall freigesetzt worden war, zu keinen gesundheitlichen Schäden geführt hatte. Weiter ergab er, dass auch in Zukunft nicht mit vermehrten Krebsfällen in der Bevölkerung zu rechnen ist.

Dieser Forschungsbericht war eigentlich eine Hammer-Nachricht. Denn bis anhin waren in der Öffentlichkeit Meldungen kursiert, wonach wegen «Fukushima» viele Tausende oder Zehntausende Menschen sterben würden. Der frühere SP-Nationalrat Rudolf Rechsteiner hatte sogar von einer Million Toten gesprochen. Der neue Bericht hatte Gewicht – denn immerhin kam er von der Uno, deren Kompetenz weitherum anerkannt ist.

Doch es war seltsam: Der Uno-Bericht wurde in den Schweizer Medien fast vollständig totgeschwiegen. Ich klärte damals genau ab, wo er zur Sprache kam. Neben der «Weltwoche», wo ich darüber schrieb, fand der Bericht in der «Basler Zeitung» Erwähnung, die damals unter der Leitung von Markus Somm war. Zudem gab es im «Tages-Anzeiger» eine Meldung dazu – aber nur klitzeklein, am untersten Rand der Rückseite des ersten Zeitungsbundes. In der gleichen Ausgabe liess die Zeitung in einem grossen Artikel einen russischen Atomgegner zu Wort kommen, der die Prognose machte, in Fukushima werde man bald die ersten Krebsfälle beklagen.

Alle anderen Zeitungen liessen die Ergebnisse des Uno-Berichtes ausser Acht – und das, obwohl die Depeschenagentur SDA eine Meldung an die Redaktionen verschickt hatte. Unkenntnis war also nicht der Grund, dass die zuständigen Journalisten nichts darüber brachten. Sie waren offensichtlich nicht gewillt, den Bericht der Uno zu erwähnen. Die Öffentlichkeit erfuhr darum so gut wie nichts über dessen Ergebnisse, die im Prinzip von grosser Relevanz waren.

Das gleiche Muster habe ich seither immer wieder beobachtet: Wenn meine Berufskollegen auf Meldungen stossen, die die Atomkraft in einem schlechten Licht erscheinen lassen, verfassen sie grosse Berichte darüber. Tauchen hingegen Informationen auf, die nicht ins Narrativ der gefährlichen AKW passen, wischen die Journalisten sie unter den Teppich.

Es ist daher kein Wunder, dass grosse Teile der Bevölkerung falsch und verzerrt über Atomkraft und Radioaktivität informiert sind. Wenn ich heute in meinem privaten Umfeld auf Aussagen stosse, wonach AKW einzigartig gefährlich seien oder das Problem des radioaktiven Abfalls völlig ungelöst sei, habe ich dafür durchaus Verständnis. Denn mir ging es ja früher genau gleich: Als Medienkonsument erfährt man nur die halbe Wahrheit.

Medien haben die Aufgabe, die Bevölkerung über relevante Themen sachlich und umfassend aufzuklären. Denn diese Bevölkerung muss ja im Stande sein, an der Urne wichtige Entscheide zu treffen. Es ging in der Vergangenheit etwa mehrmals um die Frage, ob die Schweiz aus der Kernkraft aussteigen soll. 2017 stimmte das Volk einem Verbot neuer Atomkraftwerke zu. In Zukunft könnte darüber abgestimmt werden, ob es wieder möglich sein soll, AKW zu bauen.

Solche Urnengänge setzen voraus, dass das Stimmvolk in Kenntnis aller relevanten Informationen entscheidet. Doch wegen der ideologischen Schlagseite der Medienberichterstattung ist das Wissen des Volkes zum Thema Atomkraft ungenügend. Die Medien haben in ihrer Aufklärungsrolle versagt – und sie versagen immer aufs Neue. Der Grund ist, dass die meisten Journalistinnen und Journalisten nicht bereit sind, ihre Scheuklappen abzuziehen.

Ich berichte seit Jahren regelmässig über Aspekte zu «Atom», die in anderen Medien nicht zur Sprache kommen. Als Journalist sehe ich mich dabei in einer komfortablen Situation: Kaum ein Berufskollege macht mir solche Themen streitig. Als Staatsbürger hingegen finde ich die Einseitigkeit der Medien in Sachen Atomkraft bedenklich.

3 Materialbedarf

Solarstrom bedeutet Ressourcenverschleiss

Zu recht sorgen wir uns um den Ressourcenverbrauch einer wachsenden Weltbevölkerung. Fotovoltaik- und Windanlagen schneiden in diesem Punkt aber viel schlechter ab als Atomkraftwerke. Warum kümmert das die Grünen so wenig?

Wie ich in Kapitel 1 gezeigt habe, ist die Arbeitsauslastung der Schweizer Fotovoltaik-Anlagen neun Mal schlechter als diejenige der Kernkraftwerke. Dieser grosse Unterschied hat zur Folge, dass PV-, aber auch Wind-Anlagen viel mehr Material und Fläche beanspruchen, um einen vergleichbaren Ertrag zu generieren.

Aufgeschlüsselt nach zehn Materialkategorien

Eine umfassende Analyse der Materialmengen, die bei der Energieerzeugung gebraucht werden, hat das «Argonne National Laboratory», eines der grössten Forschungsinstitute des Energieministeriums der USA, zum letzten Mal 2015 gemacht. In Tabelle 10.4 aus diesem Technologie-Bericht «Quadrennial Technology Review»[3] wird der Gesamtbedarf der wichtigsten Energieträger in zehn Materialkategorien ausgewiesen.

Die amerikanische Non-Profit-Organisation «Environmental Progress» hat daraus die folgende Grafik erstellt, auf der die Resultate für PV, Wind, Geothermie, Wasser- und Kernkraft abzulesen sind.

3 «Quadrennial Technology Review» https://www.energy.gov/quadrennial-technology-review-2015

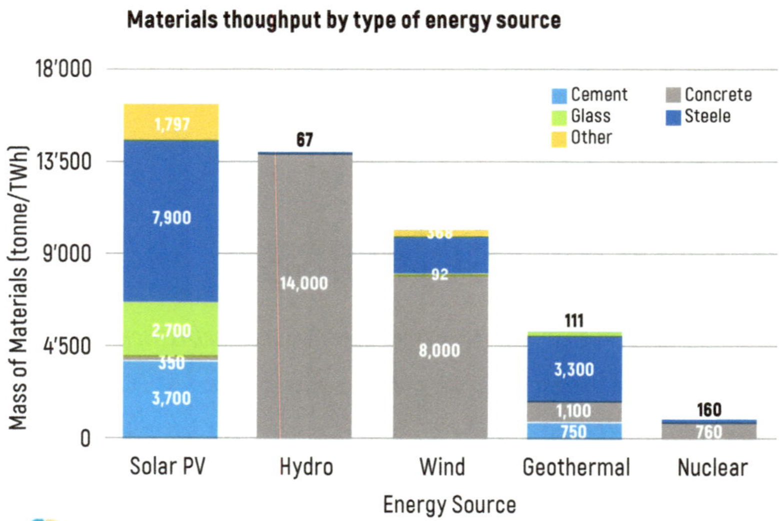

"Quadrennial Technology Review: An Assessment of Energy Technologies and Research Opportunities.« Table 10. September 2015. United States Departement of Energy. Nuclear and hydro require 10 tonnes/TWh and 1 tonne/TWh of other materials, respectively, but are unable to be labeled on the graph.

Die Grafik beschränkt sich auf die vier wichtigsten Materialkategorien: Von unten nach oben sind das Zement (hellblau), Beton (grau), Glas (hellgrün) und Stahl (dunkelblau). Alle restlichen Materialien werden unter «Andere» (gelb) zusammengefasst. Die Zahlen geben an, wie viele Tonnen der entsprechenden Kategorie benötigt werden, um eine Terawattstunde Strom zu erzeugen.

Fotovoltaik braucht 18-mal mehr Material als Kernkraft

Vergleichen Sie nun den Solar PV-Balken ganz links mit dem Kernkraft-Balken (Nuclear) ganz rechts: In der Summe der benötigten Materialien stehen 16'447 Tonnen aus PV-Anlagen 930 Tonnen aus Atomkraftwerken gegenüber – das ist ein Verhältnis von 18 zu 1. Bei der Windenergie steht es bei 11 zu 1.

Bei der Zusammensetzung dieser Summen sieht man, dass ein Nuklearreaktor zu vier Fünfteln aus Beton und zu einem Fünftel aus Stahl besteht. Eine Silizium-PV-Anlage dagegen setzt sich zur Hälfte aus Stahl, fast einem Viertel aus Zement, 16 Prozent aus Glas und 2 Prozent aus Beton zusammen. Dazu kommen noch 1'797 Tonnen «Andere» – zwei Mal so viel wie der Gesamtverbrauch für ein KKW –, die aus 850 Tonnen Kupfer, 680 Tonnen Aluminium, 210 Tonnen Plastik und 57 Tonnen Silizium bestehen.

Einschlägige Grafik ist sofort wieder verschwunden

Selbstverständlich hat der grosse Ressourcenverschleiss für PV-Strom auch entsprechende Folgen für den Flächenbedarf dieses Energieträgers. Dazu habe ich folgende Grafik des staatlichen britischen «Departements für Energie & Klimawandel», DECC, von 2013 gefunden:

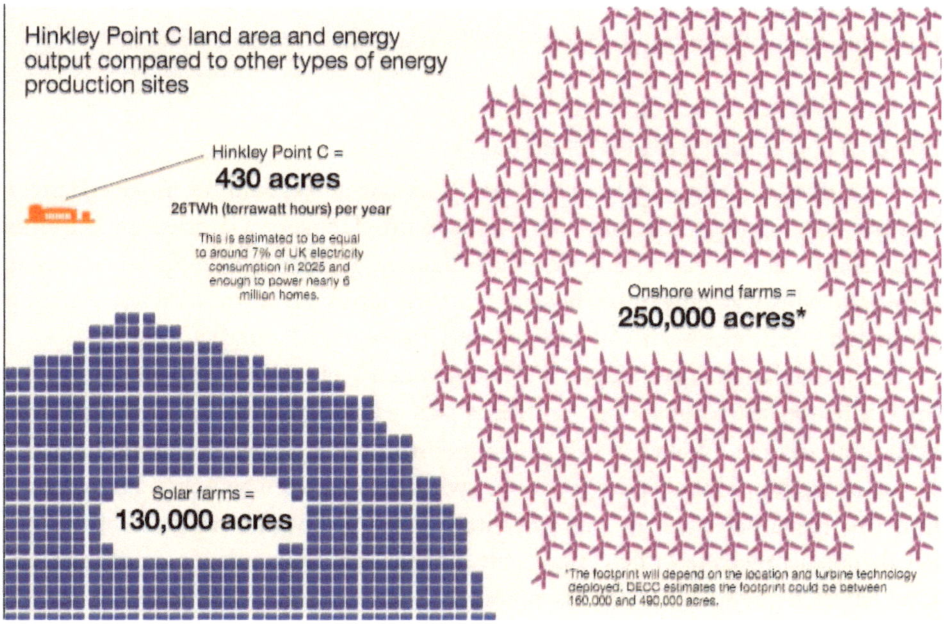

Das Pikante dabei ist, dass diese offiziell vom britischen Staat erstellte Grafik kurz nach ihrem Erscheinen auf der Webseite des DECC, wieder gelöscht wurde – dem Vernehmen nach wegen Reklamationen von Interessengruppen für Erneuerbare Energien, denen diese Zahlen offenbar nicht gepasst haben. Wie dem auch sei, die Grafik zeigt den Platzbedarf des damals geplanten Kernkraftwerks Hinkley Point C, dessen Baubeginn sich bis 2017 verzögerte und das frühestens 2025 in Betrieb gehen wird.

PV-Anlagen brauchen etwa 300-mal mehr Fläche als Atomkraftwerke

Aus den Flächenangaben in der Grafik (1 britische acre = 4047 Quadratmeter) ergibt sich ein 300-mal grösserer Flächenbedarf für Solarfarmen, während dieses Verhältnis bei den Windanlagen sogar noch deutlich höher liegt. Die Grössenordnung dieser Zahlen wird durch das folgende aktuelle Rechenbeispiel aus der Schweiz bestätigt.

Nehmen wir das KKW Gösgen, das 2020 eine Stromerzeugung von 8,25 Milliarden Kilowattstunden ausgewiesen hat, und dessen Anlage auf 150'000 Quadratmetern Platz hat. Pro Quadratmeter erzeugt Gösgen jährlich also 55'000 Kilowattstunden. Nimmt man für eine PV-Anlage einen Ertrag von 175 Kilowattstunden pro Quadratmeter und Jahr an, ergibt das einen 314-mal grösseren Flächenbedarf. Konkret müssten für eine Produktion, die dem KKW Gösgen entspricht, PV-Anlagen auf einer Fläche von mehr als 6500 Fussballfeldern gebaut werden.

Speicherung vergrössert Materialbedarf

Und wir dürfen nicht vergessen, dass bei PV-Anlagen wegen ihrer unzuverlässigen Einspeisung Stromspeicherung notwendig wird. Denken wir etwa an Batteriespeicher für die Überbrückung der Nachtflauten. Werden solche Speicher aber in grösserem Massstab eingesetzt, bedeutet das wiederum einen zusätzlichen Ressourcenbedarf – teilweise auch von seltenen und kostbaren Materialien.

Sicher: Solange Solaranlagen auf bestehenden Gebäuden zugebaut werden, ist ihr Flächenbedarf nicht speziell problematisch – im Gegensatz zu demjenigen von Windkraftwerken. Wollen wir aber Sonnenstrom wegen der Winterproblematik vermehrt auch in Höhenlagen gewinnen, wird das Abwägen zwischen Naturschutz und Energieausbau auch da viel brisanter: Es wäre unverantwortlich, bisher unberührte Naturgebiete in den Alpen mit industriellen Solaranlagen zu überstellen. Und dasselbe gilt auch für das Flachland.

Ressourcenschonung predigen und die materialintensive Solarenergie propagieren

Nun tut sich ein störender Widerspruch auf: Wir alle wollen eine nachhaltige und effiziente Energieversorgung, die Ressourcen schont und unseren ökologischen Fussabdruck möglichst verkleinert. Paradoxerweise propagieren aber genau diejenigen Kreise, die das am lautesten fordern, mit dem starken Ausbau der Solarenergie ausgerechnet denjenigen Energieträger, der viel mehr Material und Fläche benötigt, als die Alternative Atomkraft. Wann verstehen das die Grünen endlich?

4 Primärenergie

In Uran steckt gewaltig viel Energie

Die Energiedichte von Uran ist enorm: Es braucht den Jahresertrag von 2100 Quadratmetern Solarpanel, um gleich viel Strom zu erhalten wie aus einem Kilogramm Uran in einem Atomkraftwerk. Und bei Atomstrom entsteht erst noch weniger CO_2 als bei Solarstrom.

Vor dreissig Jahren plante ich den Bau einer Fotovoltaik-Anlage auf dem Dach des Hauses meiner Frau, in das ich gerade eingezogen war. Ich war fasziniert von der Idee, mich damit einer unerschöpflichen und kostenlosen Energiequelle anschliessen, und so meinen Beitrag zu einer neuen «grünen» Energiewelt leisten zu können. Und keine Frage: Diese beiden Vorzüge – Primärenergie ohne Grenzen und ohne Kosten – sind immer gute Argumente für eine Solaranlage. Aber es sind lange nicht die einzigen, und deshalb ich bin heute froh darüber, dass die Gemeinde damals unser Gesuch zum Schutz der Dorf-Kernzone abgelehnt hat.

Ich habe diese Geschichte erzählt, weil ich hier darauf eingehen will, aus welchen Quellen die Stromerzeugung aus Fotovoltaik-Anlagen (PV) einerseits und Kernkraftwerken (KKW) andrerseits eigentlich gespeist wird. Denn Energie wird physikalisch ja nicht neu erzeugt, sondern aus Primärenergie in Nutzenergie umgewandelt. Dabei besteht die Primärenergie bei PV-Anlagen aus Strahlungsenergie der Sonne, und bei den KKW aus Energie, die bei der Spaltung von Uran-Atomen frei wird.

Was leistet ein Kilogramm Uran?

Uran kommt überall in der Erdkruste, aber auch in gewaltigen Mengen in den Ozeanen vor. Bei uns in der Schweiz findet es sich vor allem in den Alpen. Aber auch wir Menschen haben Spuren von Uran in uns. Uran ist also Teil der Natur. Für die Verwendung in einem Atomkraftwerk muss dieses Natururan aufbereitet werden: In einem Konzentrationsprozess, bei dem das Volumen stark verkleinert wird, entsteht angereichertes spaltbares Uran, das als «Brennstoff» in Kernkraftwerken eingesetzt werden kann.

Dieses Uran ist sehr energiedicht. Das heisst, aus wenig Rohstoff wird viel Energie erzeugt. In einem Grafikkalender zur Lage der Nation «Wo steht die Schweiz?» hat Lukas Rühli von Avenir Suisse 2016 einen Grafikbeitrag publiziert[4], den ich hier leicht modifiziert verwende. Die Grafik geht vom Stromertrag aus einem Kilogramm angereichertes Uran aus, und sie zeigt, welche Menge an Rohstoff (gleich Primärenergie) bei den wichtigsten anderen Energieträgern nötig wäre, um denselben Stromertrag zu erzielen.

80'000 Kilogramm Kohle für 1 Kilogramm Uran

Erstaunlich ist, dass ein Kilogramm angereichertes Uran (links oben) physisch einem Würfel mit einer Kantenlänge von nur 4,5 Zentimetern entspricht. Daraus erzeugt ein Atomkraftwerk den Strom für 80 Vier-Personen-Haushalte für ein ganzes Jahr – rund 320'000 Kilowattstunden. Wenn wir beim Gewicht bleiben, braucht ein Kohlekraftwerk also 80'000-mal mehr Rohstoff als Uran, um den gleichen Ertrag zu erzeugen. Erdöl würde 56'000 und Erdgas 39'200-mal mehr als Uran brauchen. In der Grafik sind diese Verhältnisse beim Öl in Liter und beim Gas in Kubikmeter umgerechnet. Allein aus diesem Vergleich mit den Fossilen bekommt man ein gutes Gefühl für die enorme Energiedichte des Atombrennstoffs Uran.

2'100 Quadratmeter Fotovoltaik für den kleinen Uranwürfel

Schauen wir nun, wie es bei der Sonne (unten Mitte) aussieht. Die Grafik zeigt hier, dass ein Solarpanel von einem Quadratmeter Grösse während 2100 Jahren einspeisen müsste, um den Strom aus einem Kilogramm Uran zu egalisieren. Da wir beim Uranmodell aber von der Jahreseinspeisung ausgegangen sind, ist es einleuchtender, den Vergleich über den Flächenbedarf zu illustrieren: Die gleiche

4 «Wo steht die Schweiz?» Lukas Rühli in Avenir Suisse, https://www.avenir-suisse.ch/publication/jahreskalender-wo-steht-die-schweiz/

Uran

1 kg

Treibhausgasbilanz (CO_2-Äquivalente):

20g CO_2/kWh

Ein Kilogramm angereichertes Urandioxid (4 % U-235) (Würfel mit Kantenlänge von 4,5 cm) liefert genügend Energie, um den **jährlichen Stromverbrauch von ca. 80 Haushalten** zu decken.

Alternativ wären dafür nötig:

Kohle

80 000 kg

950g CO_2/kWh

Erdöl

66 000 l

800g CO_2/kWh

Wind

150 000 000 000 m³

25g CO_2/kWh

Grösste Windenergieanlage der Schweiz: Calandawind, Chur. Rotordurchmesser 112 m

Erdgas

51 000 m³

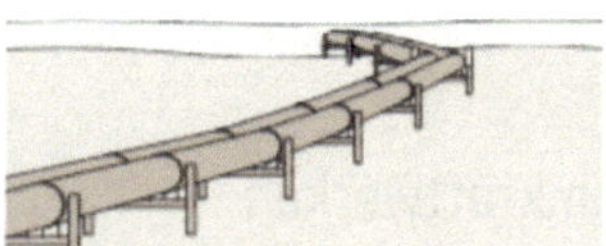

500g CO_2/kWh

Sonne

2100 Jahre (Ein Solarpanel à 1 m²)

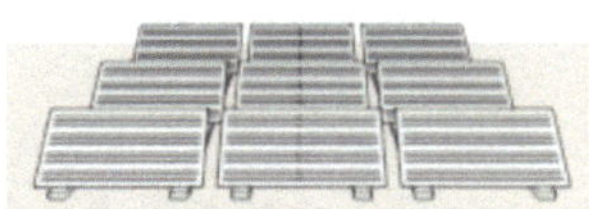

70g CO_2/kWh

Auf Basis der grössten Photovoltaikanlage der Schweiz: MVN, Neuendorf

Wasser

71 000 000 l

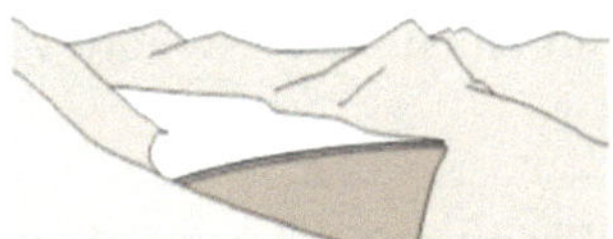

20g CO_2/kWh

Höchste Staumauer der Schweiz: «Grande Dixence», VS. Fallhöhe des Wassers 1883 m

Menge Strom, die im Verlauf eines Jahres aus einem Uranwürfel mit 4,5 Zentimeter Kantenlänge gewonnen werden kann, würde eine PV-Anlage mit einer Fläche von 2100 Quadratmetern erfordern. Diese Berechnung wurde anhand der Produktionszahlen der damals grössten Schweizer PV-Anlage (Migros Neuenhof) gemacht, die 150 Kilowattstunden pro Quadratmeter lieferte.

Aber Achtung – wie früher schon mehrfach angesprochen – führt uns eine solche Jahresgesamtrechnung bei der Fotovoltaik aufs Glatteis: Die achtzig Haushalte, die mit Atomstrom perfekt versorgt werden könnten, hätten in der Nacht und im Winter keine Freude, wenn sie ausschliesslich von der PV-Anlage der Migros abhängig wären. Und pikanterweise hat es vorhin bei uns gerade zu schneien begonnen: Im Falle der Abhängigkeit von PV hiesse das: Hahn zu für Sonnenstrom.

Wie effizient sind Fotovoltaik und Kernkraftwerke?

Nun stellt sich die Frage nach dem Wirkungsgrad eines KKW oder einer PV-Anlage, also wie viel Nutzenergie kann aus der Primärenergie gewonnen werden. Ein Kritiker meines ersten Atom-Beitrages hat auf mein Argument der schlechten Arbeitsauslastung von Solaranlagen eingewendet, dass auch Atomstrom nicht effizient sei, «nur ein Drittel der erzeugten Energie wird genutzt (Rest verpufft als Wärme in den Kühltürmen)». Ja, er hat recht, der Wirkungsgrad von Atomkraftwerken liegt bei 35 Prozent. Aber wie steht es bei den PV-Anlagen (darüber schreibt der Kritiker nichts)? Diese wandeln heute etwa 20 Prozent der Strahlungsenergie in Strom um. Gerade gestern habe ich im Empa-Newsletter gelesen, dass es einer Forschergruppe gelungen sei, den Wirkungsgrad von flexiblen Polymer-Solarzellen auf einen neuen Rekord von 21.4 Prozent zu erhöhen.

Wirkungsgrad von Fotozellen ist schlechter als bei Atomkraftwerken

Es ist also zwar richtig, dass Kernkraftwerke gegenüber fossilen Werken beim Wirkungsgrad im Hintertreffen sind – ein modernes Gas-Kombikraftwerk erreicht Werte bis gegen 60 Prozent –, sie sind aber auch in diesem Vergleichspunkt der PV-Technologie überlegen. Das ist deshalb wichtig, weil Kritiker der Atomkraftwerke sehr oft monieren, diese seien sehr ineffizient, zwei Drittel der Energie verpuffe als Wärme. Das ist aber irreführende Ablenkungsstrategie: Man nimmt ein richtiges Argument, lässt den Vergleichszusammenhang weg, und benutzt es als Totschlag-Argument.

Fotovoltaik erzeugt 2,5-mal mehr CO_2-Emissionen als Atomkraft

Was heisst das alles nun in Bezug auf die Klimaauswirkungen, zu dem es in der Grafik auch Angaben gibt? Avenir Suisse stützt sich dabei auf Lebens-Zyklus-Analysen bis 2015 ab. Vergleicht man die Gramm-Angaben von CO_2 pro Kilowattstunde, ergibt sich für die PV-Anlage ein 3,5-mal höherer Wert als für ein KKW. Sicher kann man hier in Rechnung stellen, dass sich die Solarzellen-Technologie in dieser Hinsicht noch verbessert. Eine grosse Empa-Studie von 2019[5] geht bei ihrer Analyse bis 2050 von einem Wert von 50 Gramm CO_2 pro Kilowattstunde aus, das ist aber immer noch 2,5-mal mehr als bei Atomkraftwerken.

Roger Nordmann lässt die Solar-Emissionen verschwinden

Interessant ist in diesem Zusammenhang, wie Roger Nordmann, Fraktionschef der SP, in seinem Buch «Sonne für den Klimaschutz» die CO_2-Emissionen in seinem Solarplan für die Schweiz behandelt. Obwohl er einen 25-fachen Ausbau der Solaranlagen vorsieht, rechnet er in der Bilanz seines Basisszenarios – das dem Vernehmen nach von Frau Sommaruga favorisiert wird – schlicht und einfach mit Null CO_2-Emissionen aus der PV-Stromerzeugung.

Und schliesslich: Bedeutet die Abhängigkeit vom Uran aber nicht Ausgeliefertsein an fremde Mächte? Birgt Uran nicht die Gefahr von Ressourcenknappheit? Zuerst einmal ist Uran gut lagerbar, und weil seine Mengen überschaubar sind, kann ein Notvorrat problemlos über längere Zeit angelegt werden. Kurzzeitige Preisschwankungen, wie bei fossilen Primärenergien, muss man so nicht fürchten.

Genügend Uran für mindestens 250 Jahre

Weiter muss man unterscheiden zwischen Reserven und Ressourcen. Als Reserven werden diejenigen Vorkommen bezeichnet, die nach heutigem Stand der Technik wirtschaftlich abbaubar sind. Nach der international renommiertesten Quelle, «Uranium 2020, Resources, Production and Demand»,[6] reichen diese bei einem Weltbedarf von 2019 noch für mindestens 135 Jahre. Würde man dann auch noch auf die Ressourcen zugreifen – also diejenigen Vorkommen, die bekannt, aber bei heutigen Marktpreisen nicht rentabel abbaubar sind – dann wäre der Nuklearbetrieb sogar für mindestens 250 Jahre gesichert.

5 Martin Rüdisüli et al., 2019 siehe Fussnote 2

6 Nuclear Energy Agency, https://www.oecd-nea.org/jcms/pl_52718/uranium-2020-resources-production-and-demand?details=true

Versuchen wir ein Fazit: Solaranlagen einerseits haben den bestechenden Vorzug der kostenlosen und unerschöpflichen Primärenergiequelle. Das Uran der Atomkraftwerke andrerseits hat die grösste Energiedichte, braucht deshalb nur sehr wenig Platz, kostet vergleichsweise wenig und ist in genügenden Mengen vorhanden. Beim Wirkungsgrad der Primärenergie-Umwandlung und bei den CO_2-Emissionen aus den Lebenszyklen schneiden die Kernkraftwerke aber besser ab.

Exkurs 2

Walter Rüegg

Reise ins Innere von Tschernobyl

Bericht einer Studienreise von Dr. Walter Rüegg in die Sperrzone von Tschernobyl, wo die Strahlung fast überall weniger hoch ist als in den Alpen oder in Rom.

Die Reise

Vom 6. bis 12. September 2015 konnte ich als Mitglied einer informellen, 12-köpfigen amerikanischen Expertengruppe Tschernobyl und Umgebung besuchen. Die Gruppe war sehr heterogen zusammengesetzt, mehrere Universitätsforscher, aber auch Strahlenschutzfachleute, Katastrophenexperten, eine Reaktor-Operateurin – und ich als «Privatgelehrter». Organisiert wurde die Exkursion vom Strahlenschutzbeauftragten einer amerikanischen Universität und einem Feuerwehr-Strahlenexperten.

Wir logierten während des ganzen Aufenthaltes im einzigen «richtigen» Hotel von Slavutych, mit überraschend gutem westlichen Komfort. Diese Stadt wurde nach der Reaktorkatastrophe vom 26. April 1986 in aller Eile als «Ersatzstadt» für die evakuierte Stadt Pripyat gebaut. Die meisten der heute im Kraftwerk Tschernobyl Beschäftigten wohnen in Slavutych und pendeln täglich zum 45 km entfernten Kraftwerk. Auch wir benutzten jeden Morgen einen dieser Züge.

Die Fahrt führt über menschenleere Waldgebiete, ein Teil der Strecke liegt in Weissrussland. Eine nennenswerte Strahlung misst man erst in der Nähe des Kraftwerkes. Noch im Zuge wurden wir mündlich und schriftlich darüber informiert, was man in der «Exclusion Zone» machen darf und was nicht. Durch Unterschrift musste man bestätigen, dass man alles verinnerlicht hat. Viele dieser Vorschriften sind heute übertrieben (z. B. darf in der ganzen Zone nichts berührt werden), werden aber andererseits auch nicht mehr ganz ernst genommen.

Die Katastrophe

Vor dem Besuch der Kraftwerksblöcke stand eine Reihe von Vorträgen auf dem Programm. Besonders interessant waren die Erläuterungen eines ehemaligen Reaktor-Operateurs von Block 3, die den genauen Ablauf der Explosion im Unglücksblock 4 nachzeichneten. Die folgenden Abbildungen stammen aus seinem Vortrag.

Das Drama begann bereits in der Vorbereitungsphase für einen Sicherheitstest. Ein Absenken der Leistung auf 25 Prozent war vorgesehen. Durch eine Fehlmanipulation oder durch einen Elektronikdefekt sackte sie jedoch auf 1 Prozent ab. In jeder Vorlesung über Reaktorphysik lernt man, dass dann eine schwere «Xenonvergiftung» einsetzt und der Reaktor für etwa zwei Tage ganz abgeschaltet werden müsste, weil das Xenon wie eine Vollbremsung wirkt, und ein stabiler Betrieb nicht mehr möglich ist. Die Betriebsmannschaft wollte den Test aber unbedingt durchführen, also gab man Vollgas: Praktisch alle Steuerstäbe wurden bis zum Anschlag ausgefahren: Die Leistung stieg aber trotzdem nur auf kümmerliche 7 Prozent. Als der eigentliche Test mit der Abschaltung der Turbine eingeleitet wurde, begann die Leistung aus physikalischen Gründen anzusteigen (Dampfblasen entstanden), die Notabschaltung wurde manuell eingeleitet. Aber es war schon zu spät.

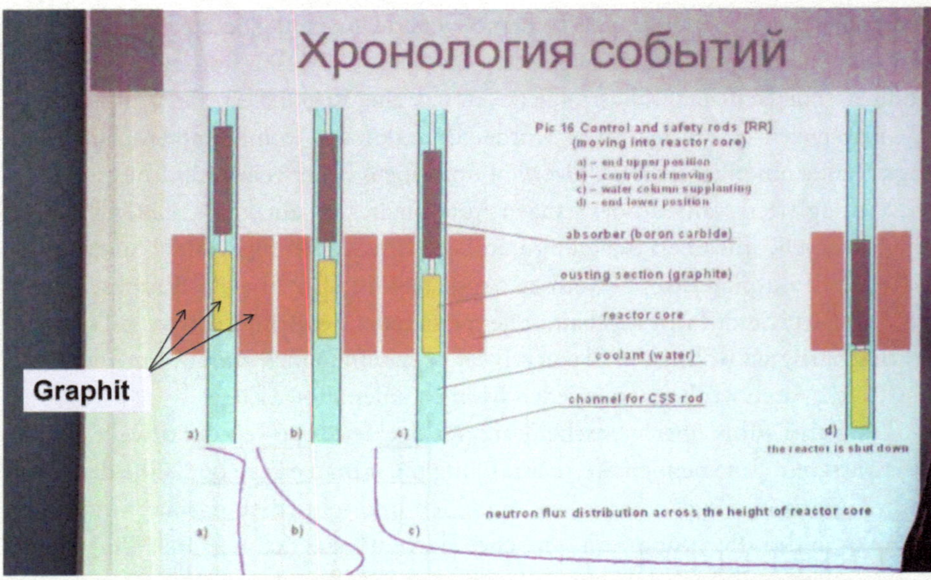

Abbildung 1 Die kritische Phase nach Beginn der Notabschaltung, wenige Sekunden vor der Explosion. Im unteren Teil des Bildes (violette Linien) ist die vertikale Verteilung des Neutronenfluss (und damit die Leistung) für drei Steuerstabstellungen abgebildet.

Es ist kaum zu glauben, aber diese Reaktoren verfügten über keine Schnellabschaltung. Die ganz ausgefahrenen Steuerstäbe («Vollgasstellung») benötigen 15-20 Sekunden, bis sie völlig eingefahren waren («Vollbremsung»). Und schlimmer noch: Um beim Normalbetrieb die Leistung zu maximieren, bestanden die Spitzen der Steuerstäbe aus Graphit (gelbe Teile in Abbildung 1). Dieses Graphit erhöhte in den ersten paar Sekunden des Einfahrens den Neutronenfluss und damit die Leistung im unteren Teil des Reaktors. Damit kippte der Reaktor plötzlich auf «Vollgas»: Die Leistung stieg lawinenartig an, innert 4 Sekunden auf den 100-fachen Nominalwert. Der untere Teil des Reaktorkerns erhitzte sich auf über 3000°C, das Kühlwasser verdampfte explosionsartig.

Der entstehende Dampfdruck war so gewaltig, dass er den gesamten Reaktorkern (mit Abschirmungsdeckel zusammen um die 3000 Tonnen) wie eine Rakete etwa 40 m hoch in die Luft katapultierte. Der Reaktor drehte sich dabei um fast 180°, dann erfolgte eine zweite, noch stärkere Explosion, verursacht durch das entstehende Knallgas. Der untere Teil des Reaktors wurde in Stücke gerissen und in die Umgebung geschleudert. Der ganze Ablauf ist in Abbildung 2 dargestellt, der «Flug» des Reaktors dauerte 4–5 Sekunden.

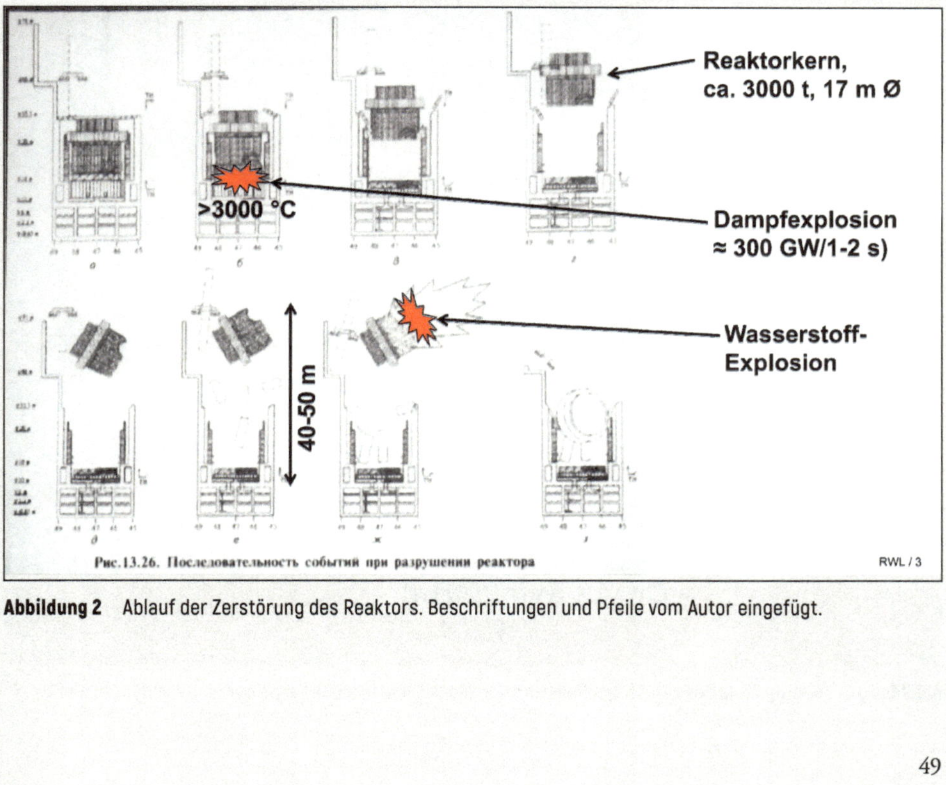

Abbildung 2 Ablauf der Zerstörung des Reaktors. Beschriftungen und Pfeile vom Autor eingefügt.

Der obere Reaktorteil mit dem schweren Betondeckel fiel in den Reaktorschacht zurück (siehe Abbildung 3). Dort sieht man die vielen Druckrohre aus dem Reaktordeckel herausragen. Der Brennstoff dürfte sich noch teilweise im unteren Teil der Rohre befinden. Die meisten sowjetischen Reaktoren dieser Zeit bestanden aus Bündeln von einzelnen Brennelementrohren, direkt abgeleitet von den ersten militärischen Typen. Trotz den bekannten Instabilitäten dieses Reaktortyps wurde aber sowohl eine Schnellabschaltung als auch ein Containment als überflüssig angesehen.

Wer ist schuld?

Auf die Frage an den Reaktor-Operateur, ob seine Kollegen vom Katastrophenblock 4 Fehler gemacht haben, lautete die spontane Antwort: Nein. Etwas einschränkend fügte er hinzu, dass zumindest keine Betriebsvorschriften verletzt worden seien. Diese Reaktion ist typisch: Die Ukrainer schieben alles auf die

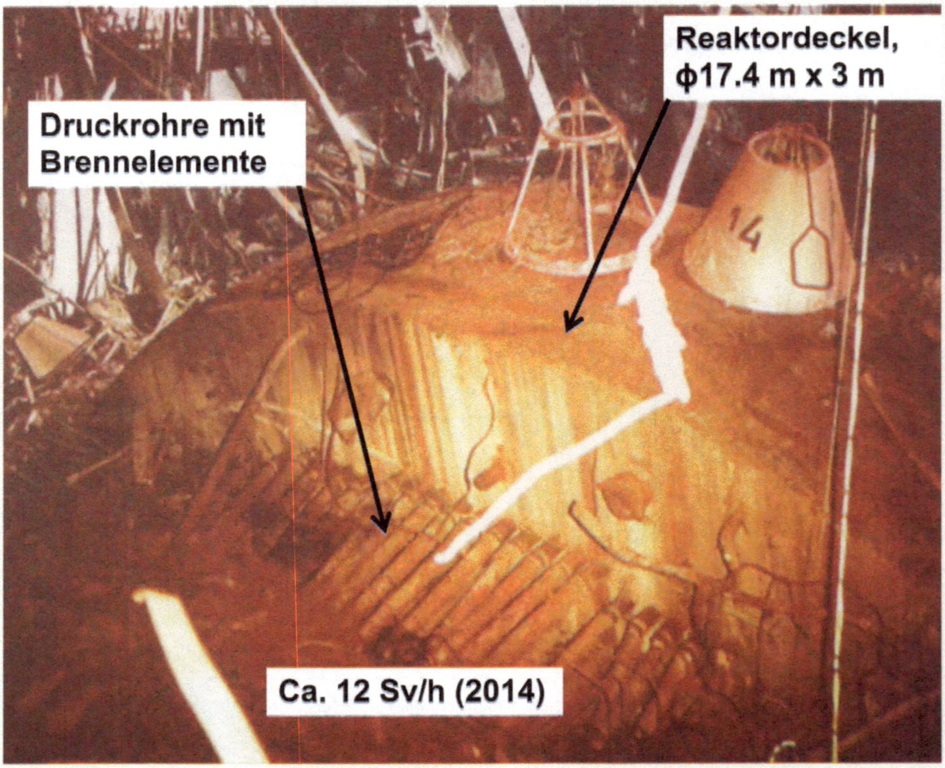

Abbildung 3 Oberes Ende des zerstörten Reaktors von Block 4. Die rötliche Farbe stammt von der Beleuchtung.

«Konstruktionsfehler» des russischen Reaktors ab. Für die Russen hingegen ist die ignorante lokale Mannschaft an allem schuld. Wer hat recht? Beide: Nur das Zusammentreffen von einer nicht instruierten Mannschaft mit einem «heiklen» Reaktortyp ohne Schnellabschaltung konnte zu einer solchen Katastrophe führen.

Aus der Rückschau ist klar, dass der Reaktor zwar keine «Konstruktionsfehler« hatte, wohl aber gravierende Designschwächen. Zudem wurde bei den Reaktoren der 60er und 70er-Jahre die Leistung optimiert, dabei war die Sicherheit aber kein zentrales Thema. Die russischen Konstrukteure waren sich der Schwächen des Designs sehr wohl bewusst, die Betriebsvorschriften haben dies entsprechend berücksichtigt. Dies funktioniert aber nur bei einer guten Sicherheitskultur, und diese fehlte vollkommen.

Schon 1974 kam es im Kraftwerk Leningrad 1 – im ersten Betriebsjahr eines «Tschernobyl-Typs» – zu verschiedenen ernsthaften Problemen: Unter anderem erfolgte eine partielle Kernschmelze mit teilweiser Zerstörung des Reaktorkerns. Drei Mitarbeiter starben. Und 1982 trat im Block 2 von Tschernobyl ebenfalls eine Kernschmelze auf. In beiden Fällen wurden beträchtliche Mengen radioaktiver Substanzen freigesetzt, weil kein Schutz durch ein Containment bestand. Lehren daraus wurden kaum gezogen, im Gegenteil, alles wurde streng geheim gehalten.

Der Sarkophag

Ein anderer interessanter Vortrag betraf den Bau des Sarkophags. Der Vortragende war ein «Liquidator» der ersten Monate und einer der Leiter des Baues. Auf meine Frage nach seiner nach dem Unglück erhaltenen Strahlendosis, wich er zuerst aus. Wenn ich ihn richtig verstanden habe, dürften es einige 100 mSv gewesen sein (nach heutigem Massstab eine Horrordosis). Offensichtlich hatte die Strahlung aber keine negative Wirkung entfaltet, im Gegenteil: Man sieht ihm seine 74 Jahre nicht an (siehe Abbildung 4), er wirkt fit und dynamisch.

Der Bau des Sarkophags einige Monate nach der Katastrophe war, unter Berücksichtigung der sehr schwierigen Umstände, eine Meisterleistung. Aber zum Zeitpunkt unseres Besuchs (2015) war er in einem schlechten Zustand. Er könnte einstürzen, insbesondere bei einem schweren Erdbeben. Dicht ist er auch nicht (man berichtet von über 100 m2 offener Flächen), Vögel fliegen rein und raus. Im Innern des Sarkophags herrschen Strahlendosen, die mehrere Zehnerpotenzen höher sind als in der Umgebung des Kraftwerkes.

Abbildung 4 Erste Phase des Baus des Sarkophags um den explodierten Block 4. Der Vortragende, Jahrgang 1941, war in leitender Stellung vor Ort tätig.

Seit 2007 ist eine riesige neue Hülle in Bau. Abbildung 5 zeigt deren Zustand im September 2015. Man erkennt direkt hinter der neuen Hülle den Sarkophag um Block 4, sowie die Blöcke 3, 2 und 1. Nach der Fertigstellung soll die neue Hülle über den bestehenden Sarkophag geschoben werden.

Abbildung 5 Neue Hülle aus einem Stahlgerüst, innen und aussen verkleidet mit Stahlplatten, Kostenpunkt ca. 2 Milliarden $. Im Hintergrund die Blöcke 4, 3, 2 und 1.

Das Kraftwerk

Im ehemaligen Kraftwerk selbst besuchten wir verschiedenen Blöcke. Abbildung 6 zeigt unsere Expertengruppe im Kontrollraum von Block 2.

Abbildung 6 Unsere Expertengruppe im Kontrollraum von Block 2. Dieser Reaktor wurde 1991 stillgelegt.

Die unbeschädigten Reaktoren der Blöcke 1, 2 und 3 wurden nach dem Unglück weiterbetrieben, aber umgehend mit vielen zusätzlichen Sicherheitsmassnahmen aufgerüstet, die etwa 400 Millionen kosteten. Unter anderem wurde eine «richtige» Schnellabschaltung eingebaut, die den Reaktor in 1 bis 2 Sekunden stoppen kann. Zudem verunmöglichen verschiedene Umbauten eine explosive Leistungsexkursion: Ein neues «Tschernobyl» mit einem massiven Austritt von radioaktiven Substanzen kann so aus physikalischen Gründen ausgeschlossen werden (eine «normale» Kernschmelze allerdings nicht).

Sehr zum Ärger der Ukrainer mussten sie aber auf Druck der Europäer die Reaktoren der Blöcke 1, 2 und 3 trotzdem abschalten (den letzten im Jahr 2000), während in Russland immer noch 10 dieser aufgerüsteten «Tschernobyl»-Reaktoren – bisher ohne ernsthafte Probleme – im Betrieb sind. Für die Ukrainer war die Stilllegung ein ökonomisches Problem: Jeder Block hätte pro Jahr für gegen eine halbe Milliarde $ Strom produziert. Ein gewisser Ausgleich erfolgte durch finanzielle Unterstützung vor allem bei Sicherheitsaufrüstungen in anderen Kraftwerken.

Abbildung 7 zeigt den aktuellen Strahlenmesswert vor dem langgestreckten Turbinengebäude, hinter dem sich die vier Reaktorblöcke befinden. Ganz hinten sieht man die neue Hülle. Die Strahlungsintensität an diesem Ende des Kraftwerkes ist mit 0.16 uSv/h überraschend tief: tiefer als vor meinem Lieblingsrestaurant in Bülach. Ein Grund dafür ist, dass der Boden mit Steinplatten belegt ist, diese schirmen einen grossen Teil der Strahlung ab. Über Naturboden war die Strahlung deutlich höher, wir massen typisch 0.5–2 uSv/h.

In der Nähe vom Block 4 stieg die Strahlung auf etwa 10 uSv/h. Und erst direkt an der Wand des Sarkophags (Der Zugang ist «normalerweise» streng verboten, aber wir waren keine «normale» Gruppe) registrierten wir Werte über 100 uSv/h. Alle diese Werte bewegen sich aber im Rahmen dessen, was man überall auf dieser Erde messen kann: Je nach Ort schwankt die natürliche radioaktive Strahlung zwischen 0.04 uSv/h und 100 uSv/h.

Abbildung 7 Blick vom südlichen Ende des Kraftwerkes. Die Strahlung ist hier recht tief (0.16 uSv/h), in Bülach/Schweiz ist sie höher (eines meiner Lieblingslokale befindet sich dort).

Im Inneren von Block 4

Eine «Exkursion» ins Innere des Sarkophags, z. B. in den Kontrollraum 4, sei lebensgefährlich, deshalb völlig unmöglich und streng verboten – wurde uns am ersten Besuchstag erklärt. Aber wir waren, wie bereits erwähnt, offenbar keine «normale» Besuchergruppe. Geholfen hat wohl auch, dass zwei Mitglieder unserer Gruppe fliessend Russisch/Ukrainisch sprachen und sich mit den lokalen Sitten und Gebräuchen auskannten. Aber so genau will ich es gar nicht wissen, jedenfalls kamen wir in Block 4 hinein und konnten den Kontrollraum gründlich besichtigen und ausmessen. In die völlig zerstörte Reaktorhalle oder in die Räume direkt unter dem Reaktor (Strahlung bis mehrere Sv/h) konnten wir nicht gehen, dort ist es bei längerem Aufenthalt (mehr als etwa eine halbe Stunde) tatsächlich lebensgefährlich. Abgesehen davon sind die Trümmer instabil.

In den zugänglichen Gängen um den Block 4 herum massen wir Strahlenintensitäten von typisch 10 uSv/h, mit Spitzen bis etwa 200 uSv/h. Der Hauptteil der Strahlung wird heute von Cs-137 erzeugt. Während der Katastrophe herrschten hier Intensitäten von bis zu einigen 10 Sv/h, tödlich innert 5–30 Minuten. Am schlimmsten war die Strahlung in der Reaktorhalle, direkt neben dem zerstörten Reaktorkern: Innert etwa einer Minute tödlich. Mehrere Tage lang hatte man kaum Informationen über die Höhe der Strahlung, geeignete Strahlenmessgeräte fehlten weitgehend. Zudem behaupteten die Verantwortlichen einen vollen Tag lang, dass der Reaktor nicht zerstört sei. Die Folgen: Etwa 1000 Einsatzkräfte wurden sehr stark bestrahlt, über 130 wurden schwer strahlenkrank, 30 verloren ihr Leben.

Abbildung 8 Der Autor im Kontrollraum vom Unglückblock 4. Ein doppelter Schutzanzug ist Pflicht, über dessen Notwendigkeit kann man sich streiten.

Der Kontrollraum 4 befindet sich rund 40 m von der zerstörten Reaktorhalle entfernt. Die Strahlendosis erreichte hier sehr hohe, bei längerem Aufenthalt lebensbedrohende Werte (20'000-50'000 uSv/h). Anatoli Dyatlov, stellvertretender Chefingenieur des Kraftwerkes und Leiter des Versuches, erlitt eine nahezu tödliche Strahlendosis von 3.9 Sv (wenn man den Angaben trauen kann). Er starb zehn Jahre nach dem Unglück, im Alter von 64 Jahren an einem Herzinfarkt (nach dem er wegen seiner Fehlentscheidungen 5 Jahre im Gefängnis verbracht hatte).

Heute ist die Strahlung im Kontrollraum auf relativ harmlose 5 uSv/h abgeklungen, siehe Abbildung 9. Zum Vergleich: Im Flugzeug nach Kiew massen wir 3,16 uSv/h. Der Raum ist in einem trostlosen Zustand, alles ist von einer dicken Staubschicht überzogen, praktisch alle Instrumente wurden ausgebaut.

Abbildung 9 Die Strahlung im Kontrollraum 4 beträgt heute etwa 5 uSv/h.

Die hochradioaktiven Abfälle

Die vier Tschernobyl-Reaktoren haben im Laufe der Zeit einigen hochradioaktiven Abfall erzeugt, vor allem in Form von abgebrannten Brennstäben. Die Lagerung wird sehr pragmatisch angegangen. Die Abfälle werden in grosse, relativ dünnwandige Stahlzylinder verpackt. Diese sind doppelwandig, die Luft dazwischen wird ständig überwacht. Ein allfälliges Leck kann leicht festgestellt werden. Diese Behälter werden horizontal in einem Betonbunker gelagert, leicht herausholbar, siehe Abbildung 10.

Die Bunker, etwa 1 km von den Reaktoren entfernt, sind heute (2016) noch im Bau, sollen aber bald in Betrieb genommen werden. Die Lagerung ist für einen Zeitraum von höchstens 100 Jahren vorgesehen. Die Idee dahinter: Die abgebrannten Brennstäbe der Tschernobyl-Reaktoren bestehen zu etwa 97–98 % aus unverbrauchtem Uran. Mehrere kommerzielle Reaktortypen der nächsten Generation können solche «Abfälle» als Brennstoff benutzen. Vor allem Russland und China werden solche Reaktoren in grösserer Zahl bauen (verschiedene Prototypen laufen schon), wahrscheinlich auch Südkorea, Indien und vielleicht auch westliche Industriestaaten.

Mit einer gewissen Berechtigung erwarten die Ukrainer deshalb, dass ihre «Abfälle» in 20 bis 30 Jahren als Brennstoff für diese neuen Reaktoren benutzt werden können. Ein (extrem teures) Endlager tief unter der Erde ist nicht vorgesehen. Plan B: Nach 100 Jahren kann man die Bunker unter einer zusätzlichen meterdicken Betondecke vergraben. Diese sollte mindestens 500 Jahre halten. Dann ist der gefährlichste Teil der Abfälle, die stark strahlenden und «beweglichen» Spaltprodukte, praktisch vollständig zerfallen. Die übriggebliebenen «unbeweglichen» radioaktiven Schwermetalle stellen keine grosse Gefahr mehr dar.

Abbildung 10 Etwa 1 km neben den Reaktorblöcken werden die Bunker zur Lagerung der hochradioaktiven Abfälle gebaut.

Pripyat

Die Stadt Pripyat liegt 3–4 km vom Kraftwerk entfernt, im Gebiet des grössten Fallouts. Die etwa 50'000 Bewohner wurden als erste evakuiert. Heute herrsche immer noch eine gefährlich hohe Strahlendosis, wenn man den vielen Berichten darüber in den Medien glauben darf (beliebte Bezeichnungen: «Todeszone», «radioaktiv strahlende Hölle», usw.). Trotzdem findet ein reger «Katastrophentourismus» statt, ganze Busladungen von Touristen aus Kiev ergiessen sich täglich über die Stadt. Die systematischen Plünderungen und der überall sichtbare Vandalismus vermitteln ein düsteres Bild, haben aber nichts mit der Strahlung zu tun.

Unsere Gruppe ist kreuz und quer durch Pripyat gewandert, dabei haben wir tausende von Messpunkten erfasst. Auf den asphaltierten oder betonierten Strassen war die Strahlung recht tief (zumindest auf den moosfreien Teilen), typisch um 0.2-0.3 uSv/h, siehe Abbildung 11. Solche Werte misst man auch bei uns. Über Naturboden und ganz besonders über einem der vielen Moosbeete strahlt es wesentlich stärker.

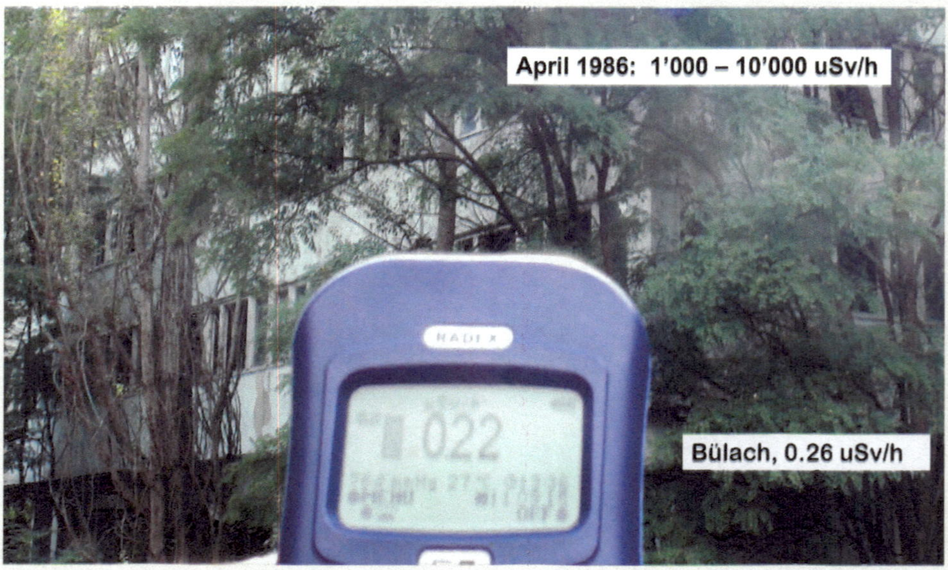

Abbildung 11 Strahlung auf einer der Hauptstrassen von Pripyat, 0.22 uSv/h.

Die Strahlung im Inneren der Gebäude liegt meistens im Bereich zwischen 0.1 und 0.2 uSv/h, Werte, die auch bei uns üblich sind. Ein Beispiel aus dem zerstörten Kulturpalast mit 0.11 uSv/h zeigt Abbildung 12. Wenn ein Gebäude einigermassen dicht ist und man während des radioaktiven Niederschlags alle Fenster und Türen schliesst, dringen nur minime Mengen radioaktiver Substanzen ins Innere. Die externe Strahlung wird durch das Mauerwerk weitgehend abgeschirmt, zudem reduziert schon der Abstand die Strahlung.

Abbildung 12 Die Strahlung im Innern des Kulturpalastes ist ähnlich tief wie in unseren Gebäuden: 0.11 uSv/h. Man beachte den Vandalismus, auch massivste Glasscheiben wurden systematisch zerstört.

Die höchsten Strahlungswerte in Pripyat registrierten wir über einem Moosbeet: 11 uSv/h, gemessen in einigen cm Abstand (siehe Abbildung 13). Zum Vergleich: Meine alte Tissot «Seastar» aus den 50er-Jahren, mindestens 15 Jahre lang Tag und Nacht getragen, strahlt durch die Radium-Leuchtziffern auch heute noch mit etwa 14 uSv/h. Andere Uhren aus dieser Zeit können noch stärker strahlen, ich mass Werte bis 200 uSv/h. Ich habe abgeschätzt, dass die vielen Millionen Radium-Leuchtzifferuhren (hergestellt zwischen ca. 1915 und 1965) die Menschheit mit einer ähnlich hohen Kollektivdosis bedacht haben wie der gesamte Fallout von Tschernobyl.

Abbildung 13 Die höchste in Pripyat gemessene Strahlung war 11.1 uSv/h, über einem Moosbeet. Zum Vergleich meine alte Tissot «Seastar», strahlt mit 14.5 uSv/h. Und läuft heute noch.

Das Dilemma

Die durchschnittliche Strahlung während meines gesamten Aufenthaltes in Pripyat betrug 1.0 uSv/h (Mittelwert aus sämtlichen Messungen, alle 10 sec. eine Messung). Dies entspricht einer Jahresdosis von 8.8 mSv. Allerdings bewegten wir uns zum grössten Teil ausserhalb der Gebäude, suchten bewusst nach «heissen» Stellen und legten die Messgeräte darüber. Ein heutiger Bewohner dürfte kaum über 5 mSv pro Jahr kommen, selbst wenn er sich vorwiegend im Freien aufhält. Dies entspricht aber der natürlichen Durchschnittsdosis in der Schweiz und in vielen anderen Teilen der Welt.

Das grosse Dilemma: In Anbetracht einer Pripyat-Dosis von 5 mSv/Jahr müsste man konsequenterweise auch grosse Teile der europäischen Alpen zur Todeszone erklären. Die Dosen erreichen dort Werte bis über 30 mSv/Jahr (inklusive der inneren Bestrahlung). Dies verdanken die Alpenbewohner dem überdurchschnittlichen Gehalt von Uran oder Thorium im Gestein. Dasselbe gilt auch für Teile von Schwarzwald, Erzgebirge, Massif Central, Süditalien, Piemont usw. Dieses Dilemma besteht auch im Falle von Fukushima (mit wesentlich weniger Fallout als bei Tschernobyl).

Auf Grund des Vorsorgeprinzips und der heutigen Forderung nach Nullrisiko wurden die Grenzwerte immer weiter gesenkt, bis sie deutlich unter der natürlichen Strahlung liegen. Diese ist aber von diesen Grenzwerten ausgenommen, was keinen Sinn ergibt, weil ein breiter wissenschaftlicher Konsens besteht, dass die natürliche Strahlung genau gleich wirkt wie die «künstliche». Eine Unterscheidung macht physikalisch keinen Sinn.

Tschernobyl-Stadt und Asti (Piemont)

Wir haben auch die Stadt Tschernobyl besucht, etwa 15 km südlich des Kraftwerkes gelegen. Die Stadt liegt ebenfalls in der «verbotenen» Zone, für eine dauernde Besiedlung nicht freigegeben. Allerdings befinden sich einige Verwaltungsgebäude der Zone in der Stadt, sowie auch Unterkünfte für Einsatzkräfte und sogar ein kleines Hotel. Die Stadt ist, ganz im Gegensatz zu Pripyat, in einem guten Zustand. In der Stadt gibt es auch illegale Bewohner (in der gesamten Sperrzone mehrere Hundert), sie werden von den Behörden toleriert. Sie ernähren sich fast ausschliesslich von lokalen Produkten.

Abbildung 14 Strahlung im Zentrum von Tschernobyl (0.10 uSv/h). In dieser Stadt strahlt es wesentlich weniger als in vielen anderen Städten auf dieser Erde.

Unsere Messungen zeigten etwas Erstaunliches: Die Strahlung in dieser Stadt liegt typisch zwischen 0.1 und 0.2 uSv/h, und damit tiefer als in vielen anderen Städten auf diesem Planeten. In Rom z. B. ist die externe Strahlung meist über 0.2 uSv/h, zusammen mit der internen Strahlung muss man mit mindestens 0.5 uSv/h rechnen. Auch in weiten Teilen des Piemonts strahlt es stärker als in Tschernobyl, siehe Abbildung 14.

Aus der Tatsache, dass die Sperrzone immer noch eine Sperrzone ist, wird geschlossen, dass der Aufenthalt gefährlich sein muss. Es wird behauptet, die Zone sei für hunderte oder für tausende oder gar zehntausende von Jahren unbewohnbar. Man argumentiert mit den teilweise sehr langen Halbwertszeiten gewisser Falloutelemente (vor allem Plutonium), obwohl diese langlebigen Elemente

1. Nur einen sehr kleinen Bruchteil des Fallouts ausmachen,
2. Nur schwach strahlen (je länger die Halbwertszeit, desto schwächer die Strahlung, ein Naturgesetz),
3. Von den natürlich vorhandenen langlebigen radioaktiven Elementen, wie Uran, mengenmässig (und auch radiotoxisch!) in den Schatten gestellt werden: Durchschnittlich findet man etwa 5 g Natururan und etwa 15 g Thorium pro m3 Erde. Und viele Zerfallsprodukte, wie Radium, Radon und Polonium, sind gefährlicher als Plutonium.

Wie dem auch sei, es ist eine leicht zu überprüfende Tatsache, dass heute die Strahlung des Fallouts von Tschernobyl auf einen winzigen Bruchteil der ursprünglichen abgesunken ist, typisch auf 1/10'000 oder weniger. Oft ist sie kaum noch nachweisbar. In weiten Teilen der Sperrzone dominiert die natürliche Strahlung. Nur in unmittelbarer Umgebung des Unglücksreaktors gibt es noch vereinzelt Stellen mit hoher Strahlungsintensität.

Nachtrag

Ich habe in meinem Bericht bewusst nichts über die gesundheitlichen Langzeitfolgen der Katastrophe geschrieben. Denn damit verlässt man die exakte Wissenschaft.

Google Scholar registriert heute (2016) über 225'000 wissenschaftliche Arbeiten unter dem Stichwort «Chernobyl». Man kann leicht eine Unmenge Arbeiten finden, die zum Schluss kommen, dass die Strahlung schädlich war oder immer noch ist. Ebenso leicht findet man aber eine Unmenge Arbeiten, die keine oder sogar positive Auswirkungen belegen. Die Qualität der Arbeiten schwankt zwischen unbrauchbar und hochwissenschaftlich.

Und so kommt es, dass man sich darüber streitet, ob 50 oder viele Millionen Todesfälle auf das Konto der Strahlung gehen. Es gibt drei Gründe für diese umstrittene Situation:

1. Parallel zum Niedergang der Sowjetunion in den 80er- und 90er-Jahren fand eine dramatische Abnahme der Lebenserwartung statt, von etwa 65 Jahre auf 57 (Männer). Dies ist auf eine massive Verschlechterung des Gesundheitszustandes zurückzuführen: Krebs-, Herz-Kreislauf- und Infektionskrankheiten nahmen sehr stark zu. In der gesamten ehemaligen Sowjetunion, auch im fernen Sibirien, starben Millionen Menschen vorzeitig. Wenn aber Menschen zwanzig Jahre früher sterben als bei uns, ist der allgemeine Gesundheitszustand vergleichsweise sehr schlecht, mit oder ohne Fallout.
2. Sämtliche der Strahlung zugeschriebenen Langzeitfolgen kommen auch «natürlich» vor. Es ist nicht möglich, bei einer Krankheit (z. B. Krebs) festzustellen, ob die Strahlung sie verursacht hat. Verschlechtert sich der Gesundheitszustand einer Bevölkerung – wie unter 1. beschrieben –, kann man somit auch der Strahlung die Schuld geben.
3. Der wichtigste Grund, dass es so schwierig ist, die Langzeiteffekte zu bestimmen, liegt in der Tatsache, dass die Folgen von kleinen und mittleren Dosen relativ klein sind und in den natürlichen Variationen der Gesundheit, insbesondere der Krebsrate, untergehen. Rauchen, Trinken, Chemikalien, Viren, Entzündungen, Ernährung, Übergewicht, Bewegung, Umwelt, sozioökonomischer Status, Stress und genetische oder epigenetische Faktoren wirken stärker krebsfördernd als kleine Dosen. Das zusätzliche Problem: Bei den Bewohnern einer Stadt oder einer Region variiert die «normale» Krebsrate, je nach örtlicher Gruppe und Zeitpunkt der Erhebung, wesentlich mehr als die Wirkung von kleinen und mittleren Dosen.

Im Falle von Hiroshima/Nagasaki ist die Situation viel eindeutiger: Erstens war dort die Strahlenbelastung der betroffenen Bevölkerung sehr viel höher (bis 100-mal) und zweitens wurden die Untersuchungen mit einem Milliardenaufwand äusserst professionell durchgeführt. Die Meinungen gehen dort höchstens um einen Faktor zwei auseinander.

Bei Tschernobyl ist man sich zumindest einig über die Folgen der sehr hohen Strahlendosen der ersten Tage und Wochen: Etwa 50 Todesopfer sind darauf zurückzuführen, sowie einige Tausend Schilddrüsentumore bei Kindern.

Ziemlich einig ist man sich auch über die Strahlendosen, welche die umliegende Bevölkerung erhalten hat. Diese sind auf Grund der Evakuierungen recht klein und liegen praktisch ausnahmslos weit unter der natürlichen Strahlung. Somit ist zu erwarten, dass keine strahlenbedingten Langzeitfolgen verursacht worden sind. Denn auch in Gebieten mit einem Mehrfachen an natürlicher Strahlung wurden keine negativen Effekte gefunden. Im Gegenteil, in solchen Gebieten zeigt sich tendenziell eine kleinere Krebsrate. Dass die natürliche Strahlung gleich wirkt, wie die «künstliche» wird selbst in grünen Kreisen nicht bestritten, siehe z. B. den TORCH-Report über Tschernobyl, herausgegeben von den Grünen im Europäischen Parlament. Dieser Bericht stellt auch klar, dass keine Zunahme der Missgeburten festgestellt wurde.

Weil die Wirkungen von kleinen Dosen unmessbar klein sind, gibt es Theorien, welche aufgrund von umstrittenen und unbeweisbaren Risikomodellen annehmen, dass auch kleinste Dosen schädlich sind. Damit lassen sich bei vielen 100 Millionen Bewohnern (ganz Europa) einige tausend bis einige zehntausend vorzeitige Todesopfer berechnen. Nachweisen wird man dies aber nie können.

In den betroffenen Gebieten kann man das gesamte Spektrum von Ansichten hören: «Die Strahlung ist an allem schuld» oder »Die Strahlung ist völlig irrelevant«. Die erste Ansicht ist stärker verbreitet, ein möglicher Grund: Millionen haben den Status von »Strahlenopfern« und bekommen deshalb finanzielle Zuwendungen und verschiedene Privilegien. Diese würden entfallen, falls man der Strahlung keine negativen Auswirkungen zuschreiben kann. Die wirtschaftliche Situation dieser Menschen ist katastrophal, sehr viele sind auf solche Zuwendungen angewiesen.

5 Sicherheit

Kernkraftwerke töten nicht öfter als Solarpanels

Ist die Atomkraft eine besonders gefährliche Energieform? Zahlen belegen das Gegenteil: Was die Zahl der Todesopfer angeht, schneiden AKW nicht schlechter ab als Wasserkraft und erneuerbare Energie.

Die zwei grossen Nuklearkatastrophen von Tschernobyl (1986) und Fukushima (2011) haben die Geschichte der friedlichen Nutzung der Kernenergie in eine fatale Richtung gedrängt: Das Gefühl der Angst, speziell geschürt durch aufgebauschte Katastrophenmeldungen, beherrschte die Diskussion und führte zu teilweise panischen Reaktionen, die keiner sachlichen Reflexion standhalten.

Mit zehnjähriger Distanz zu Fukushima können wir aber heute die Frage «Wie sicher und sauber sind unsere Kernkraftwerke?» nüchterner betrachten. Machen wir das zuerst auf globaler Ebene, und da sozusagen mit der härtesten Währung: Der Statistik über die Zahl der Todesfälle, die von den verschiedenen Strom-Energieträgern verursacht werden. Dabei kann man drei Bereiche unterscheiden: Todesopfer wegen Luftverschmutzung, wegen Unfällen und wegen Folgen der Klimaerwärmung.

Welche Stromquellen verursachen am meisten Todesopfer?

Auf der von mir hier auch schon verwendeten wissenschaftlich unabhängigen Webseite «Our World in Data» habe ich dazu die beste Zusammenstellung gefunden:[7]

7 Our World in Data, https://ourworldindata.org/safest-sources-of-energy

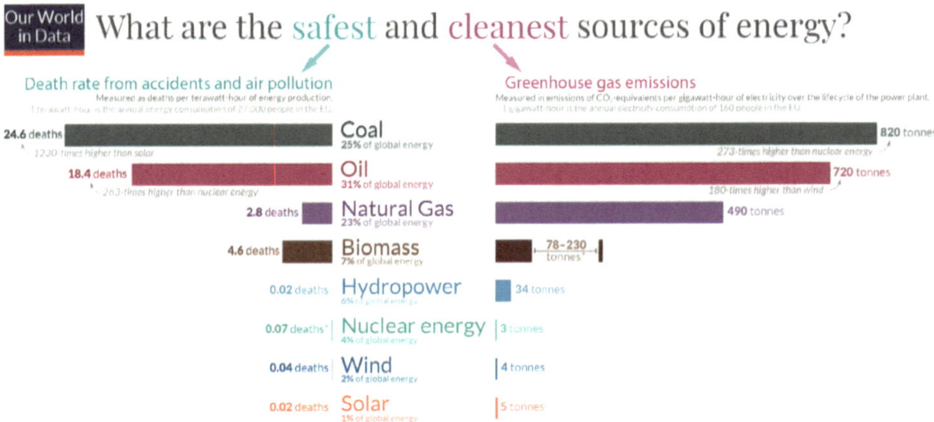

Für die wichtigsten Arten der Stromerzeugung, von Kohle bis Solar, zeigt die Grafik auf der linken Seite die Zahl der Todesopfer wegen Luftverschmutzung und Unfällen, und auf der rechten Seite die Zahl der ausgestossenen Tonnen Treibhausgase – immer genormt nach einer bestimmten Menge Strom, und immer auf Lebenszyklus-Analysen basierend; also inklusive Abbau und Transport der Rohmaterialien, Bau und Betrieb der Anlagen und Abbau derselben.

Atomstrom in der gleichen Klasse wie Erneuerbare

Ich hätte diese beiden Grafiken gerne in eine zusammengefasst, bei der auch die Klimaschäden aus der Treibhausgas-Belastung in Todesfälle umgerechnet worden wären. Dies hat der Autor der Webseite «Tech for Future» in einem seiner Beiträge gemacht.[8] Dabei hat er sich auf eine neue Studie abgestützt, die einen solchen Umrechnungsfaktor angibt. Im Detail sind aber zu viele Fragen offen geblieben, sodass ich eine damit bereits vorbereitete Grafik wieder verworfen habe.

Die hier verwendete Grafik zeigt aber eindrücklich, wie die drei fossilen Träger im Gesamtbild um mehrere Grössenordnungen schlechter abschneiden als die Erneuerbaren und die Kernenergie. Gemäss dem Titel der Grafik sind also Wasser, Kernenergie, Wind und Solar die sichersten und saubersten Stromquellen. Gut lässt sich zudem herauslesen, wie sehr sich Erdgas unter den Fossilen vor allem von der Kohle positiv absetzt.

8 Tech for Future, https://www.tech-for-future.de/sicherste-energiequelle/

Kohle und Öl um mehrere Grössenordnungen schlimmer

Betrachtet man nur die Opferzahlen durch Luftverschmutzung und Unfälle (links) fällt eine gewaltige Differenz zwischen Kohle und Öl einerseits und Nuklearenergie und Erneuerbare andrerseits auf. Die dort gezeigten abstrakten Zahlen kann man sich folgendermassen vergegenwärtigen: In einer Stadt der Grössenordnung von Basel würden jedes Jahr wegen Kohlekraftwerken 25 Menschen zusätzlich sterben, wegen Gas wären es 3 Menschen, wegen Kernkraftwerken aber würde es 14 Jahre und wegen Solaranlagen sogar 50 Jahre dauern, bis ein Mensch sterben würde.

Weil wir hier aber die Bedeutung von Tschernobyl und Fukushima in der Sicherheitsdiskussion über Kernenergie richtig einordnen wollen, müssen wir nun wissen, wie die aus der Grafik abzulesende Zahl von 0,07 Todesfällen durch Nuklearstrom zustande gekommen ist. «Our World in Data» hat für Tschernobyl einen Bericht der Weltgesundheits-Organisation (WHO) von 2005/06 verwendet, der von 4000 Toten ausgeht. Bei Fukushima rechnen sie mit 574 Todesfällen, und schliesslich kommt noch ein Teil dazu, der die Folgen des Uranbergbaus berücksichtigt.

Nuklearstrom ist am sichersten und saubersten

Diese Zahlen sind aber viel zu hoch. Denn im Falle von Tschernobyl kommt die bisher grösste, vom UNO-Spezialgremium UNSCEAR verfasste neuere Studie zu viel kleineren Zahlen. Und wenn man berücksichtigt, dass ein Unfallhergang wie in Tschernobyl bei uns nie hätte stattfinden können und dass es in Fukushima keine direkt strahlenverursachten Todesopfer gibt, müsste der Wert bei etwa 0.02 liegen – gleich hoch wie bei Wasser und Solar. Und wenn man dann auch noch die Treibhausgas-Belastung (rechte Grafik) dazurechnet, schneidet die Atomenergie sogar am besten ab – vor Wind und Solar und Wasser.

Sind unsere AKW «Schrottreaktoren»?

Zusätzlich gibt es berechtigte Zweifel an der sehr niedrigen Zahl der Toten wegen Solaranlagen. Da der weitaus grösste Teil dieser Panels in China hergestellt wird, wo man über die Arbeitsbedingungen und Sicherheitsvorschriften praktisch nichts weiss, dürfte ein realistischer Wert für Solar ziemlich sicher deutlich über 0,02 zu stehen kommen.

Diese Qualifizierung verträgt sich nun aber schlecht mit der Klage vieler Umweltbesorgter, unsere Atomkraftwerke seien veraltete «Schrottreaktoren», die ständig Pannen hätten, und deshalb so rasch wie möglich abzuschalten seien. Schauen wir uns dazu das aktuellste Beispiel an: Was geschah im Kernkraftwerk Leibstadt während der letzten Abschaltung, die am 4. Dezember 2021 – einige Wochen später als geplant – zu Ende ging?

Unsere Kernkraftwerke werden ständig nachgerüstet

Bei den folgenden Informationen stütze ich mich weitgehend auf Informationen von Johannis Nöggerath ab, ehemaliger Präsident der Schweizerischen Gesellschaft der Kernfachleute, SGK. Grundsätzlich bemühen sich die Betreiber der Schweizer Kernkraftwerke durch ständiges Nachrüsten, ihre Anlagen auf einem quasi-aktuellen Stand der heutigen Kraftwerkstechnik zu halten.

Zu diesem Zweck wurde in Leibstadt in den vergangenen Monaten zwei Grossprojekte realisiert. Erstens wurde das Reaktorwasser-Umwälzsystem des Reaktordruckbehälters vollständig erneuert, was betriebliche Vorteile, aber auch Verbesserungen bei der Sicherheit bringt. Und zweitens wurde der Kondensator unterhalb der Turbine komplett mit über 50'000 eingeschweissten Rohren neu bestückt, und konstruktiv teilweise verbessert.

Leistungssteigerung dank zwei Grossprojekten

Damit ist das Kraftwerk nun imstande, seine elektrische Leistung auf nahezu 1'300 Megawatt zu erhöhen, und damit eine zuverlässige Stromproduktion vor allem auch im Winter zu gewährleisten, die 15 Prozent unseres Gesamtstromverbrauchs abdeckt, was der Versorgung von 1,3 Millionen Menschen entspricht.

Der Grund, warum die Realisierung dieser beiden Grossprojekte mehrere Wochen mehr in Anspruch nahm, liegt bei den ausserordentlichen Corona-Bedingungen, die zu erfüllen waren. Dass es überhaupt gelungen ist, mit weit über 1000 beteiligten Personen und kompromisslos eingehaltenen Hygieneregeln die Projekte ohne Krankheitsausbrüche erfolgreich abzuschliessen, verdient Respekt.

Kontrolle durch internationale Expertenteams

Aber nicht nur technisch-betrieblich sollen die Schweizer Kernkraftwerke auf bestem Stand bleiben, sondern auch, was die Sicherheitskultur betrifft. Um diese auf hohem Niveau halten zu können, werden neben der direkten Alltagsaufsicht durch das Eidgenössische Nuklearsicherheitsinspektorat (Ensi) alle paar Jahre High End-

Expertenteams aus verschiedenen Ländern zusammengestellt, die sich über einen Zeitraum von etwa drei Wochen den verschiedenen Betriebs- und Sicherheitsthemen einer Anlage widmen.

Solche Überprüfungsmassnahmen werden durch zwei verschiedene Organisationen beauftragt. Einerseits durch den Weltverband der Kernkraftwerksbetreiber (Wano) und andrerseits durch die Internationale Atomenergie Organisation (IAEA). Damit wird sichergestellt, dass notwendige Verbesserungspunkte identifiziert und Massnahmen gefordert werden, deren Umsetzung bei einem späteren Besuch überprüft wird.

6 Strahlung

Überschätzte Kernkraftwerk-Strahlung

Die Angst, radioaktive Strahlung aus Kernkraftwerken oder deren Abfällen könnte uns schaden, entbehrt jeder Grundlage. Wenn schon, müssten wir uns um die Strahlung von Radon und medizinischen Anwendungen kümmern.

Viele Menschen fürchten sich vor Radioaktivität, weil sie weder gesehen noch gehört noch gefühlt werden kann. Das ist verständlich. Und doch ist es zu relativieren, weil dasselbe auch bei anderen gefährlichen Stoffen gilt, vor allem aber, weil radioaktive Strahlung sehr einfach gemessen werden kann. Mit einem Geigerzähler um die hundert Franken können Sie die Strahlung selber messen.

Und diese Strahlung ist überall. Sie kommt aus dem Boden, dem All, der Luft, aus Baumaterialien, Lebensmitteln, unseren Körpern und technischen Einrichtungen: In allem steckt Radioaktivität. Und weil sie gut messbar ist, haben wir eine umfassende staatliche Kontrolle über die Strahlenexposition der Schweizer Bevölkerung. Dafür zuständig ist im Bundesamt für Gesundheit (BAG) die Abteilung Strahlenschutz.

Die Radonbelastung ist dominierend

Jedes Jahr wird dort ein zusammenfassender Bericht «Strahlenschutz und Überwachung der Radioaktivität in der Schweiz» publiziert, aus dem die Zusammensetzung der effektiven Strahlendosis pro Jahr und Einwohner in der Schweiz herauszulesen ist.[9] Die folgende Grafik aus dem neusten Bericht 2020 zeigt die detaillierten Resultate.

9 «Strahlenschutz und Überwachung der Radioaktivität in der Schweiz», 2020. https://www.bag.admin.ch/bag/de/home/gesund-leben/umwelt-und-gesundheit/strahlung-radioaktivitaet-schall/strahlung-gesundheit.html

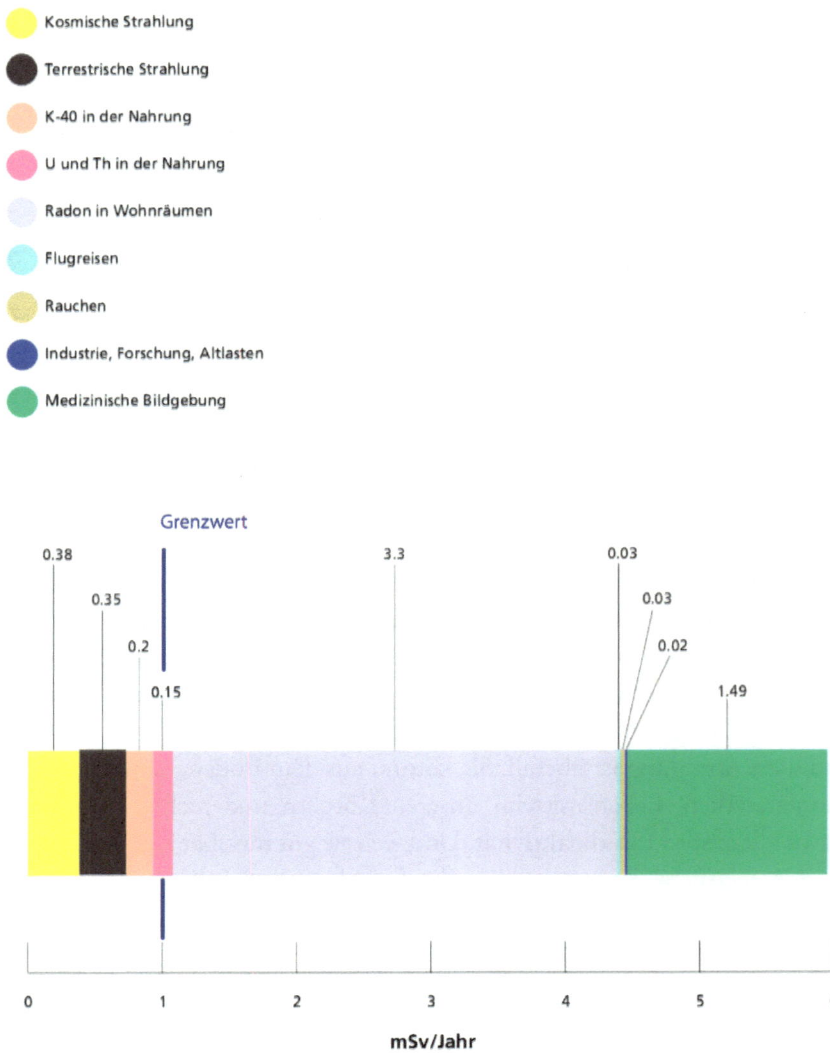

In der üblichen Masseinheit Millisievert (mSv) sind hier die durchschnittlichen Beiträge sämtlicher Komponenten einer Jahresgesamtdosis pro Einwohner in der Schweiz aufgeführt, die zu einem Total von knapp 6 mSv pro Jahr führen. Rasch sieht man, dass vor allem zwei Einflussbereiche dominierend sind: die Radon-Belastung in Wohnräumen (Mitte, grau), die 56 Prozent ausmacht, und die Medizinische Bildgebung (rechts, grün) mit 25 Prozent.

Atomkraftwerke sind vernachlässigbar

Das verbleibende Fünftel einer solchen Jahresdosis setzt sich aus der natürlichen externen Strahlung aus dem Boden (terrestrisch, gelb) und dem All (kosmisch, schwarz) sowie der Strahlung in unserem Körper durch eingenommene Lebensmittel (rosa und pink) zusammen. Und schliesslich haben wir noch die fast nicht mehr erkennbaren Einflüsse durch Flugreisen (die kosmische Strahlung nimmt in der Höhe zu), durch starkes Rauchen und durch die Strahlung aus Industrie, Forschung und Altlasten.

Wo aber bleiben die Atomkraftwerke? Sie sind in diesen letzten 0,02 mSv enthalten. Konkret beträgt die Strahlung in der Nähe eines Kernkraftwerks um die 0,002 mSv pro Jahr, das ist weniger als ein Tausendstel der Gesamtdosis. Entgegen allen Ängsten in der Bevölkerung spielen die Kernkraftwerke bei der Strahlenbelastung keine Rolle.

Natürliche Strahlung variiert stark

Die hier gezeigte Durchschnittsbetrachtung hat aber ihre Tücken. Gerade die Radon-Belastung variiert in der Schweiz stark: In den Alpen und im Jura ist sie generell wesentlich grösser als im Mittelland. Und selbstverständlich ist auch der Einfluss durch medizinische Anwendungen sehr unterschiedlich und erfolgt in der Regel erst im Alter. So sind im BAG-Bericht verschiedene Fälle beschrieben, deren Jahresdosis zwischen 2 und 22 mSv pro Jahr liegen.

Angesichts dieser Tatsache ist es unverständlich, dass in unserer Gesetzgebung ein Dosisgrenzwert für die allgemeine Bevölkerung von 1 mSv pro Jahr festgelegt wurde (ich habe den Wert in der BAG-Grafik selber blau eingetragen). Würde man diesen ernst nehmen, müsste man ja grosse Teile der ganzen Schweiz evakuieren. Das BAG versucht diesen Widerspruch damit zu erklären, dass dieser Grenzwert nur für die künstliche Strahlenexposition aus dem Industriebereich gelte, also den 0,02 mSv. Aber auch das ergibt keinen Sinn, denn keine Zelle eines Lebewesens fragt danach, ob die Strahlung natürlichen oder künstlichen Ursprungs ist.

Langfristige Schäden sind stark umstritten

Natürlich kann radioaktive Strahlung auch grosse Schäden anrichten. Kaum ein anderes Gebiet im Gesundheitswesen ist aber so gut erforscht wie die Radioaktivität. Eine zentrale Rolle spielen dabei die umfangreichen Untersuchungen bei den Überlebenden des Atombombenabwurfs 1945 in Hiroshima und Nagasaki. Unbestritten ist heute, dass erst ab einer einmaligen Dosis (Schockdosis) von 500 bis 1'000 mSv mit einer messbaren Verkürzung der Restlebenszeit zu rechnen ist, und dass um 5'000 mSv bei etwa der Hälfte der Menschen der Tod eintritt.

Sehr umstritten sind aber die langfristigen Effekte, wenn also solche Dosen über mehrere Jahrzehnte verteilt einwirken. Es ist zwar klar, dass dann die Reparatur- und Abwehrmechanismen unserer Körper fast beliebig Zeit haben, dagegen zu wirken, und somit gefährlich hohe Schockdosen harmlos werden. Denken Sie ans Weintrinken: 5 Liter sind als Schockdosis tödlich, 5 Liter verteilt auf ein Jahr sind aber bekömmlich. Trotzdem vertreten die meisten Strahlenschutzbehörden, auch unsere, die sogenannte LNT-Hypothese (Linear, No Threshold), die davon ausgeht, dass sich das Ausmass der Gesundheitsschäden linear zur Stärke der Strahlung verhält, und dass es nach unten keine Grenze gibt: Strahlung schadet immer.

Hohe externe Strahlung schadet nicht

Es gibt aber anschauliche Beispiele, die dieser Vorstellung diametral widersprechen. Im beliebten Kurort Ramsar im Iran oder in Gualapari, Brasilien, die als «gesunde Stadt» gelobt wird, misst man externe Strahlenwerte aus Boden und All, die bis mehrere Hundert Mal höher liegen als unsere Durchschnittswerte: An keinem dieser Orte sind aber Gesundheitsprobleme bekannt geworden.

Und einen weiteren Hinweis in diese Richtung gibt eine gründliche Studie aus Taiwan. Dort wurden in der 1980-er Jahren rund 10'000 Personen jahrelang mit durchschnittlich 50 mSv pro Jahr bestrahlt (achtmal so viel wie bei uns), weil bei vielen Gebäuden ein Baustahl verwendet wurde, der stark strahlendes Kobalt-60 enthält. Das erstaunliche Resultat: Die Strahlung hat den Bewohnern nicht geschadet – sogar im Gegenteil: Ihre Krebsrate war gegenüber den Unbestrahlten deutlich reduziert.

Die zusätzliche Dosis aus der Kernzone in Fukushima ist kleiner als die Gesamtstrahlung in den Alpen

Und wie sieht es in Fukushima aus, wo sich vor zehn Jahren wegen eines Tsunamis radioaktiver Niederschlag aus drei Kernreaktoren in der Umgebung verteilt hat? Nach den Berechnungen von Walter Rüegg, Kernphysiker und ausgewiesener Experte für Strahlenbiologie, der mich bei diesem Beitrag beraten hat, müsste ein nicht evakuierter Bewohner der am stärksten betroffenen Kernzone von etwa

100 Quadratkilometern mit einer zusätzlichen Lebensdosis von ungefähr 400 mSv rechnen, mit Spitzen gegen 1'000 mSv.

Um diesen Wert mit den Zahlen aus unserer Grafik vergleichen zu können, müssen wir die Jahresdosen in Lebensdosen umrechnen – also mit der heutigen Lebenserwartung von 84 Jahren multiplizieren. Dadurch ergeben sich schweizerische Lebensdosiswerte zwischen 200 und 1'800 mSv. Wären in Fukushima die Menschen also in der Kernzone geblieben, hätten sie eine zusätzliche Lebensdosis erhalten, die nur einem Teil des schweizerischen Streubereichs entspricht. Vor allem aber müsste man nach denselben Evakuationskriterien auch die Bewohner von Alpenregionen umsiedeln.

Die Luftverschmutzung in Grossstädten ist gefährlicher als Strahlung

Die in Japan angeordnete Evakuierung der Bevölkerung wäre also strahlenbiologisch nicht zwingend gewesen – vor allem auch deshalb nicht, weil die betroffenen Menschen aus ländlichen in städtische Gebiete umgesiedelt wurden, wodurch sie vom Regen in die Traufe gelangten: Die Luftverschmutzung in Grossstädten wie Tokyo (vor allem durch Feinstaub) schadet der Gesundheit viel mehr als die Strahlung. Zudem hat der durch den Umzug verursachte Stress zusätzliche Todesfälle verursacht.

Welches sind die Lehren aus diesen Betrachtungen?

1. Natürliche und künstliche Strahlung haben dieselben Auswirkungen auf die Gesundheit.
2. Die Strahlung aus Kernenergie ist im Normalbetrieb vollständig vernachlässigbar.
3. Der Grenzwert von 1 mSv pro Jahr ist viel zu tief (was zu gefährlichen Fehlhandlungen führen kann).
4. Die LNT-These ist fragwürdig; die Fakten häufen sich, die eine Strahlenexposition unter 100 mSv pro Jahr als gesundes Training für die Abwehrkräfte unseres Körpers ansehen.

Exkurs 3a

Simon Aegerter

Was in Fukushima geschah

«Wenn so etwas in einem hoch technisierten Land wie Japan geschehen kann, kann es überall passieren», sagte Bundesrätin Doris Leuthard Tage nach dem Unfall. Mit mehr Distanz und mit vertieftem Verständnis kommen wir heute zum gegenteiligen Schluss: «Fukushima hat gezeigt, wie sicher und ungefährlich Kernkraftwerke sein können.» Schliesslich ist trotz dreier GAUs, den grössten anzunehmenden Unfällen, die sich gleichzeitig am selben Ort ereignet haben, kein Mensch durch Strahlung zu Schaden gekommen. Und wir wissen heute recht genau, wie sich die Katastrophe entwickelt hat und wann und wie man sie hätte verhindern können.

Am Anfang der Kette steht natürlich das gewaltige Tohoku-Erdbeben der Stärke 9. Alle 16 Reaktoren im Gebiet des Erdbebens schalteten sich automatisch aus. Die Kettenreaktion kam in allen Reaktoren zum Stillstand. Das heisst aber nicht, dass sie keine Wärme mehr produzierten. Die Produkte der Uran-Spaltungen, Elemente im mittleren Bereich des Periodensystems, erzeugen auch ohne Kettenreaktion Wärme, indem sie zerfallen – sie sind radioaktiv. Unmittelbar nach dem Abschalten beträgt die Radioaktivität noch um sieben Prozent der Leistung, nach einem Tag noch 0,4 Prozent. Das sind erhebliche Energiemengen, die durch Kühlung abgeführt werden müssen.

In Fukushima Daiichi standen sechs Reaktorblöcke. Die Blöcke 1, 2 und 3 waren mit voller Leistung in Betrieb, als das Erdbeben sie stilllegte. Block 4 war ausser Betrieb und für Revisionsarbeiten ausgeräumt: Alle Brennelemente waren in das Kühlbecken ausgelagert. Die Blöcke 5 und 6 waren in Revision und im Brennstoffwechsel. Block 6 sollte in einer Woche ans Netz gehen, wenn Block 1 für den Brennstoffwechsel abgestellt würde. Das heisst, Block 1 war am Ende eines Betriebszyklus mit dem höchsten Inventar an Spaltprodukten und damit der maximalen Nachzerfallswärme-Produktion. Alles ereignete sich in den kommenden Stunden und Tagen im Block 1 schneller als in Block 2 und 3. Wir beschränken uns deshalb auf die Schilderung der Ereignisse in Block 1.

Im Werk Fukushima Daiichi gab es nach dem Erdbeben zunächst keinen Strom mehr. Leitungsmasten und Unterstationen waren dem Erdbeben zum Opfer gefallen. Dagegen hielten sich die Erdbebenschäden an Gebäuden und Anlagen in Grenzen. Ein Monteur war von einem Gerüst zu Tode gestürzt. Das Werk wäre betriebsfähig gewesen, wenn der Strom nicht ausgefallen wäre. Jedes Kernkraftwerk ist für den Ausfall der Stromversorgung vorbereitet: Es verfügt über eine Notstromversorgung. Die Dieselmotoren sprangen denn auch an und versorgten die Kühlpumpen mit Strom. Man konnte mit Aufräumen beginnen.

Vierzig Minuten nach dem Erdbeben traf eine 14 Meter hohe Tsunami-Welle das Werk, das unmittelbar am Ufer steht. Zwar gab es eine Tsunami-Schutzmauer, aber die war nur 5,7 Meter hoch. Die Welle überschwemmte das Kraftwerk, zwei Männer ertranken in den Fluten. Die Dieselmotoren, die die Notstromgeneratoren antrieben, standen im Untergeschoss der Turbinenhalle, etwa auf Meereshöhe. Natürlich waren sie augenblicklich unter Wasser und ausser Betrieb. Die Notstrom-Akkus standen im selben Raum und das Salzwasser schloss sie kurz. Das Kraftwerk erlitt einen totalen Stromausfall.

Das war der erste Schritt in die Katastrophe. Er hätte nicht sein müssen. Im baugleichen Kraftwerk Mühleberg waren die Notstromdiesel in der Höhe angeordnet und gebunkert. Wäre das Kraftwerk Mühleberg am Standort Fukushima Daiichi gestanden, der Notstrom wäre nicht ausgefallen. Aber hier, in Fukushima Daiichi, ist er ausgefallen. Alles, was Strom braucht, funktionierte nicht mehr: die Kühlpumpen, die Ventile und die Messinstrumente. Die Operateure wussten nicht, was mit dem Reaktor geschah, in welchem Zustand er sich befand. Aber sie wussten: Er wird immer heisser. Jemand hatte eine Idee: Auf dem Parkplatz gibt es jede Menge Strom – aus den Autobatterien! Also baute man die Batterien aus und brachte sie in den Kontrollraum. Geniale Tüftler brachten es fertig, mit dem Strom aus Autobatterien wenigstens die Kontrollinstrumente teilweise wieder in Betrieb zu nehmen.

Um den weiteren Ablauf der Ereignisse zu verstehen, ist es nötig zu wissen, wie ein Siedewasserreaktor aufgebaut ist und wie das Kraftwerk funktioniert. In einem dickwandigen, zylinderförmigen Stahlgefäss, dem Reaktor-Druckbehälter, befindet sich der «Kern» des Reaktors – auf Englisch «Core». Hier befindet sich das zu spaltende Uran in Form von Pastillen aus Uranoxid, die in Röhren aus Zirkon verpackt sind. Diese mit Uran beladenen Röhren nennt man Brennstäbe, obwohl da nichts brennt. Dutzende solcher Brennstäbe bilden ein «Brennelement», und einige hundert Brennelemente bilden den Reaktorkern.

Zwischen den Brennelementen bewegen sich Steuerstäbe, die aus einem Material bestehen, das Neutronen absorbiert. Wenn alle Steuerstäbe eingeführt sind, endet die Kettenreaktion.

Das Druckgefäss steht in einer Schutzhülle (englisch «Containment»), das nach den Zirkon-Röhren und dem Druckgefäss die dritte Barriere gegen den Austritt von radioaktivem Material darstellt.

Im Normalbetrieb stehen die Brennelemente in einem Wasserbad und heizen es mit der Energie aus der Kernspaltung. Das funktioniert wie ein gigantischer Tauchsieder. Das Wasser siedet bei einer Temperatur von zirka 250°C und einem Druck von 70 bar. In jeder Sekunde verdampfen mehrere Tonnen Wasser. Der heisse Dampf läuft durch wärmegedämmte Leitungen in das Turbinenhaus, treibt dort eine mehrstufige Turbine, welche ihrerseits einen Generator antreibt, der elektrische Energie ins Stromnetz einspeist. Nach der Turbine ist der Dampf abgekühlt und entspannt. Kühlwasser aus einem Fluss oder einem Kühlturm kondensiert den Dampf zu Wasser. Eine leistungsfähige Pumpe pumpt das Wasser zurück in das Druckgefäss. Es gibt also einen einzigen Wasser-Dampf-Kreislauf.

In Fukushima Daiichi stand dieser Kreislauf jetzt still. Weder die starke Hauptpumpe noch die kleinere Notkühlpumpe konnten das Wasser bewegen. Aber der Reaktorkern heizte weiter und verdampfte Wasser. Das bedeutete zwangsläufig, dass der Druck stieg und der Wasserstand im Druckgefäss sank. Beides musste verhindert werden: Der Druck durfte nicht über die Berstgrenze des Druckgefässes steigen, und der Wasserstand durfte nicht so weit fallen, dass die Brennelemente nicht vollständig mit Wasser bedeckt waren. Normalerweise stand das Wasser fünf Meter über deren oberem Ende. Der ganze kommende Kampf galt dem Vermeiden dieser Grenzen.

Es gibt Notkühlsysteme, die eine Zeitlang dagegen wirken können. Eine Hilfsturbine, die den Überdruck nutzen kann, erzeugt genügend Strom, um Wasser in das Druckgefäss zu pumpen. Das ist der Injektionskühler. Andererseits gab es den Kondensationskühler. Er führt Dampf aus dem Druckgefäss durch ein Kühlbecken und kondensiert den Dampf. Die neu in Betrieb gesetzten Instrumente zeigten, dass das System funktionierte. Aber das System war nicht stabil. Temperatur, Druck und Wasserstand schwankten. Der Druck begann langsam zu steigen und der Wasserstand zu sinken.

Inzwischen – es ging gegen 8 Uhr – waren Pumpen der Feuerwehr eingetroffen. Ihr Druck reichte allerdings nicht, um Wasser ins Druckgefäss zu pressen, aber sie konnten die Injektionspumpe unterstützen. Aber jetzt kam der Kondensationskühler nicht mehr nach: Das Wasser im Kondensationsbecken begann zu sieden. Der Druck stieg weiter, bis die Sicherheitsventile des Druckgefässes ansprangen. Damit ergoss sich der Heissdampf in ein grosses, ringförmiges Gefäss, das zur Hälfte mit 2000 Tonnen kalten Wassers gefüllt war. Damit war die Situation für den Moment entspannt, aber der Druckabfall bewirkte, dass das Wasser im Druckgefäss mit grosser Heftigkeit siedete und die Wärme aus den Spaltprodukten heizte das Wasser im Entspannungsring. Dieser war mit dem Containment verbunden und dieses füllte sich zunehmend mit Dampf. Langsam stieg der Druck im Containment. Irgendeinmal würde man die Druckentlastung öffnen müssen.

Allerdings gab es da ein Problem: Niemand wusste, wie das geht. Dass man jemals die Druckentlastung bei Stromausfall machen müsste, schien ausgeschlossen. Es war nicht vorgesehen. Die Operateure suchten die Baupläne zusammen und versuchten ein Verfahren zu erfinden. Gleichzeitig kündigte der Werksdirektor den vorgesetzten Stellen die bevorstehende Öffnung des Containments an. Er erhielt Bescheid, dazu müsse man zuerst die Bevölkerung im Umkreis von zwei Kilometer evakuieren. Das wäre in Mühleberg nicht nötig gewesen: dort war die Druckentlastung mit Filtern versehen, die allfällige radioaktive Stoffe zurückgehalten hätten.

Inzwischen ging es gegen Mitternacht und der Ministerpräsident kündigte an, er werde um drei Uhr morgens die Druckentlastung in einer Pressekonferenz ankündigen. Vorher dürfe sie nicht stattfinden.

Im Entspannungsring war jetzt so viel Wasser kondensiert, dass die Brennstäbe nicht mehr vollständig mit Wasser bedeckt waren. Damit begann ein Prozess, der fatale Folgen haben sollte: Das heisse Zirkon der Brennstabhüllen begann, mit dem heissen Dampf chemisch zu reagieren: Aus Zirkon wurde Zirkonoxid und aus Wasser wurde Wasserstoff. Die freigelegten Uran-Pellets setzten Spaltprodukte frei. Im Druckgefäss und bald auch im Containment befand sich jetzt eine Mischung aus Wasserdampf und Wasserstoff mit Spuren von Spaltprodukten.

Es wurde immer dringender, den Druck zu entlasten. Aber man wusste immer noch nicht, wie das gehen sollte, die Evakuation war immer noch im Gang und der Ministerpräsident hatte noch nicht geredet. Es dauerte bis neun Uhr morgens, bis alle Voraussetzungen erfüllt waren. Es gelang, das Ventil teilweise zu öffnen. Jedenfalls begannen die am Eingang zum Werksgelände gemessenen Strahlungswerte zu steigen. Grosses Aufatmen! Umso mehr, als der intakte Notstromgenerator von Block 6 irgendwie in die Nähe von Block 1 und 2 hatte geschleppt werden können. Mit 200 Metern Hochleistungskabel gelang es, Block 2 anzuschliessen und um 3 Uhr 36 am Nachmittag des 12. März wurde der Schalter zu Block 1 umgelegt.

In diesem Moment flog das oberste Stockwerk des Reaktorgebäudes mitsamt dem Dach in einer gewaltigen Explosion in die Luft. Die herabstürzenden Trümmer zerstörten die Notstromgruppe und die elektrischen Verbindungen. Block 1 war nicht mehr zu retten. Unbemerkt war offenbar schon vor der Druckentlastung im Containment oder dem Entlastungsring ein Leck entstanden, durch das Dampf und Wasserstoff in das Reaktorgebäude entweichen konnte. Der Wasserstoff stieg in das oberste Stockwerk und bildete mit der Luft das hochexplosive Knallgas. Wieder darf festgestellt werden, dass so etwas in Mühleberg nicht hätte stattfinden können: Erstens gab es dort Geräte, die den Wasserstoff katalytisch, also flammenlos verbrennen können. Zweitens verfügte Mühleberg über eine feste sekundäre Sicherheitshülle, nicht bloss ein leicht konstruiertes Gebäude.

Wir verzichten auf die Schilderung der Vorgänge in den Blöcken 2 und 3. Es wäre eine doppelte Wiederholung. Es gelang nicht, die Kernschmelze zu verhindern, aus den gleichen drei Gründen wie bei Block 1: Erstens war die Notstromversorgung ungeschützt, zweitens war eine gefilterte Druckentlastung nicht möglich und drittens fehlten die Wasserstoff-Rekombinatoren. All das hatte die Internationale Atomenergie Agentur, IAEA, vor Jahren dringend moniert. Bei TEPCO, dem Betreiber der Reaktoren, scheute man aber die Kosten für diese Umrüstungen und die Nuklearaufsicht der japanischen Regierung übernahm die Meinung von TEPCO.

Ja, Sicherheit kostet Geld, aber Unfälle sind viel, viel teurer.

Exkurs 3b

Johannis Nöggerath

Lehren aus Fukushima?

Schon vor Fukushima boten die Schweizer Kernkraftwerke im Vergleich zu den japanischen eine sehr hohe Sicherheitskultur.

Der in Exkurs 3a geschilderte Unfallhergang des KKW Fukushima-Daiichi Block 1–4, war im Wesentlichen durch den Ausfall wichtiger Systeme und Komponenten aufgrund einer ungenügend durch den Betreiber TEPCO nachgerüsteten Sicherheitsauslegung gekennzeichnet. Darüber hinaus verhinderte eine suboptimale Vorbereitung und Einsatzfähigkeit des Notfallmanagements des KKW die Prävention und Linderung der Auswirkungen. Weitere Defizite, die das Unfallgeschehen verschärften, betrafen weitgehend fehlende Notfall-Entscheidungsprozesse innerhalb des Konzerns TEPCO als auch solche zwischen Konzern und Regierung. Einen wesentlichen Teil der Verantwortung traf die damalige japanische Atomaufsicht, welche durch eine fehlende Unabhängigkeit vom Betreiber über Jahrzehnte hinweg ihrer Aufgabe der Sicherheitskontrolle nicht nachkam.

Daraus resultierte während des Unfallverlaufs ein überschnelles Versagen wichtigster Notkühlsysteme, eine nicht bewältigte Flut an nötigen, aber koordinierten Operateureingriffen und zunehmend schwindender Handlungsoptionen des immer verzweifelteren Betriebspersonals. Aufgrund des Totalausfalles aller externen und internen Stromquellen zur Nachkühlung des korrekt abgeschalteten Kerns konnte bei drei Reaktoren letztlich nur noch die Kernschmelze konstatiert werden. Kurz darauf folgten die damit einhergehenden Wasserstoffexplosionen, welche die Radioaktivität in beträchtlichen Mengen empor schleuderte. Die herrschenden Wind- und Wetterverhältnisse verteilten die Radioaktivität in die Umgebung. Glücklicherweise wehte der Wind in diesen Tagen mehrheitlich vom Land zum Meer. Es sei an dieser Stelle klar gesagt: Es war nicht so, dass die Betriebsmannschaft versagt hatte, jeder Einzelne kämpfte mit den wenigen vorhandenen Möglichkeiten bis zur Erschöpfung, um den Unfall zu stoppen oder zu mildern. Doch die operativen und materiellen Voraussetzungen und Vorbereitungen für ein stringent greifendes Notfallmanagement waren nicht vorhanden.

So war dieses Totalversagen eben kein «Restrisiko» der Kernenergie – wie es von den Gegnern der Atomtechnik und kernenergiekritischen Politikern damals bar jeder Analyse fleissig und vorschnell behauptet wurde. Es war die grobe Fahrlässigkeit der japanischen Betreiber und Behörden gegenüber prinzipiell gut verstandenen Risiken, die Jahre bis Jahrzehnte vor dem Unfall mittels Sicherheitsanalysen hätten festgestellt werden können. Aus solchen korrekt und konservativ ausgeführten deterministischen und probabilistischen Sicherheitsanalysen hätte sich die konsequente Nachrüstung der KKW zur Prävention und Linderung von schweren Unfällen zwingend aufgedrängt. Vorwarnungen gab es genügend.[10]

Das grosse Tsunami-Ereignis vor der Küste Sumatras am Ende des Jahres 2004 tötete 230'000 Menschen. In der Provinz Aceh wurde eine Wellenerhöhung um bis zu 30 m und einer Ausdehnung bis zu 2 km ins Landesinnere gemessen. Die IAEA hatte in der Folge die japanische Regierung darauf aufmerksam gemacht, dass ein Tsunami dieser Intensität die japanischen KKW ernsthaft gefährden könne. Fragen wurden gestellt. Leider hat die japanische Regierung auf die Hinweise und Anfrage der IAEA nur sehr verhalten und schlussendlich passiv reagiert. Neue Analysen und Nachrüstungen wurden nur zögerlich ins Auge gefasst. Eine kohärente staatliche und TEPCO-konzerninterne Worst-Case-Planung bestand zu dieser Zeit nur sehr unvollständig.

Als sich keine 10 Jahre später das gewaltige Tohoku-Erdbeben am 11. März 2011 mit nachfolgendem Megatsunami vor der japanischen Ostküste ereignete, wirkten sich alle aufgelaufenen Mängel und Defizite in voller Konsequenz aus. Es war ein weltweiter Weckruf für alle KKW-Betreiberländer, die Sicherheitsauslegung ihrer KKW hinsichtlich landestypischer Naturgefahren erneut intensiv zu untersuchen, Nachrüstungen zu veranlassen sowie die Notfall Resilienz auch für seltenste Schwerstunfälle zu erhöhen. Im Fokus stand dabei das überaus seltene Extremszenario des gleichzeitigen Ausfalls aller externen und internen Stromquellen («Station Black Out», SBO) zur Sicherstellung der aktiven Nachkühlung des abgeschalteten Reaktorkerns mit seinen Brennelementen – dem eigentliche Fukushima Desaster. Dies betraf vor allem die Auswirkungen von Schwerst-Erdbeben mit gekoppeltem Hochwasser aufgrund eines Bruchs von Stauwehren oder Deichen oder Tsunamiwellen. Der Eintrag sehr grosser Wassermengen auf das KKW-Areal und ins Innere von

10 Fukushima: The myth of safety, the reality of geoscience; by Johannis Nöggerath, Robert J. Geller, Viacheslav K. Gusiakov, September 1, 2011, https://journals.sagepub.com/doi/full/10.1177/0096340211421607

sicherheitsrelevanten Gebäuden mit einem Ausfall wichtiger Versorgungs- und Sicherheitssysteme stand als grösstes Risiko im Vordergrund.

Für die Schweizer und deutschen KKW-Betreiber war es evident, dass ihre technisch sehr gut ausgestatteten, geschützten und motiviert geführten Kernkraftwerke die Auswirkungen dieses Tsunamis mit allergrösster Wahrscheinlichkeit ohne Kernschaden – insbesondere ohne Kernschmelze, Wasserstoffexplosion und Freisetzung von Radioaktivität überstanden hätten. Umso bitterer sind die rein politisch motivierten Entscheide beider Länder, aus der Kernenergie auszusteigen und in der Schweiz auf den Bau der damals bereits projektierten, im Rahmenbewilligungsverfahren befindlichen Kraftwerke der noch sichereren Generation 3+ zu verzichten.

Im Folgenden werden die wesentlichen Defizite der japanischen Anlage Fukushima-Daiichi sowie ihres damaligen behördlichen Umfeldes systematisch dem Ausrüstungsstand und den über die Jahre entwickelten besonderen Anforderungen an Schweizer KKW gegenübergestellt.

1. Sicherheitsanalytik nicht umfassend genug

Als springender Punkt bei den Postaccident-Untersuchungen zeigte sich, dass sowohl deterministische als auch probabilistische Sicherheitsanalysen der älteren japanischen KKW während Jahrzehnten nicht konservativ und umfassend genug nachgeführt waren. Dies galt jedoch – wie viele anfänglich fälschlicherweise annahmen – nicht für die Erdbebenfestigkeit: Selbst das sehr starke Tohoku-Erdbeben mit einer Magnitude von ca. 8,3 vermochte den baulichen und sonstigen Strukturen der nur etwa 170 Kilometer vom Epizentrum entfernt gelegenen KKW nichts anzuhaben. Die Auslegung[11] japanischer KKW gegen Erdbeben, auch der älteren, ist sehr gut. Aber es waren die Gross-Seebeben/Tsunamis (mit M>7,3 und >15 Metern Flutwelle aus der Vergangenheit), die nicht ausreichend in den Sicherheitsanalysen berücksichtigt wurden. An den Küsten Japans geschahen in den letzten 500 Jahren gemäss historischen Überlieferungen nachweislich etwa 15 Grosstsunamis (Fig. 1). Das bedeutet eine grobe Wahrscheinlichkeit der Wiederkehrhäufigkeit von einmal in 30 Jahren. Doch waren auch sehr viel ältere Megaseebeben in der Tohoku-Region geologisch nachgewiesen. So das Jogan Erdbeben, 869 n. Chr., mit einer Erdbebenintensität von M>8,5 und einer Überflutung bis 4 km ins Landes-

11 Die «Auslegung» eines KKW bedeutet, dass Betriebs- und Sicherheitssysteme in Abstimmung aufeinander so projektiert, konstruiert und gebaut sind, dass man damit das gesamte Störfallensemble (hier ein schweres Erdbeben) beherrschen kann, so wie im Gesetz verlangt.

innere. Fazit: Jede Generation in Japan erlebt an einer ihrer Küsten einen grossen Tsunami aus einem Seebeben.

Aber selbst die offiziellen japanischen Erdbebendienste wähnten das dominierende seismische Risiko über Jahrzehnte an den südlichen Küsten (Tokai-Erdbeben vor Tokyo) und relativierten so indirekt das effektiv sehr hohe seismische Risiko vor der Nordostküste im öffentlichen Bewusstsein.[12] Dies hatte bei den japanischen KKW-Betreibern von Fukushima vermutlich mit dazu beigetragen, den Tsunamianalysen nicht die ihnen eigentlich notwendige Dringlichkeit und Relevanz einzuräumen. Heute wird das gleichmässig hohe seismisch und Tsunami-bedingte Risiko für alle Küsten Japans auch durch die staatlichen Stellen nicht mehr bezweifelt.

The Fukushima Daiichi Accident

VGB PowerTech

► **Question: Is this accident a matter of residual risk of nuclear energy?**

History data of earthquake-induced tsunamis with maximum amplitudes above 10 m hitting the coasts of Japan and the Kuril Islands (Russia) over the past 513 years					
Date and Country		Affected Region	Earthquake ¹)	Tsunami ²)	Victims
11.03.2011	Japan	Japan	M = 9.0	23 m	> 10 000
04.10.1994	Russia	Kuril Islands	M = 8.3	11 m	Not specified
12.07.1993	Japan	Sea of Japan	M = 7.7	31.7 m	330
26.05.1983	Japan	Noshiro	M = 7.7	14.5 m	103
07.12.1944	Japan	Kii Peninsula	M = 8.1	10 m	40
02.03.1933	Japan	Sanriku	M = 8.4	30 m	3 000
01.09.1923	Japan	Tokaido	M = 7.9	12 m	2 144
07.09.1918	Russia	Kuril Islands	M = 8.2	12 m	50
15.06.1896	Japan	Sanriku	M = 7.6	38 m	26 360
24.12.1854	Japan	Nankaido	M = 8.4	28 m	3 000
29.06.1780	Russia	Kuril Islands	M = 7.5	12 m	12
24.04.1771	Japan	Ryukyu Islands	M = 7.4	85 m	13 500
28.10.1707	Japan	Japan	M = 8.4	11 m	30 000
31.12.1703	Japan	Tokaido-Kashima	M = 8.2	10,5 m	5 200
02.12.1611	Japan	Sanriku	M = 8.0	25 m	5 000
20.09.1498	Japan	Nankaido	M = 8.6	17 m	200

► **Simple Estimation:**

Within the past 513 years 16 tsunamis with maximum amplitudes above 10 m and induced by earthquakes of magnitudes between 7.4 and 9.2 have been recorded for Japan and the adjacent Kuril Islands (Russia).

► **Experienced Frequency:**

$f = 16/513\ a \approx 0.0312\ a^{-1}$

Thus, within a thirty years period one severe tsunami with a maximum amplitude of more than 10 m has to be expected in Japan!

► **No, it is rather a matter of obviously having ignored a high specific risk!**

Sources: Dr. Johannis Nöggerath, Swiss Nuclear Society, March 28, 2011, www.tsunami-alarm-system.com ¹) magnitude ²) maximum amplitude

Fig. 1: 500 Jahre Megatsunamis an den Küsten Japans. Zusammengestellt von J. Nöggerath; aus Daten, University Boulder, Colorado, 2011

12 Shake-up time for Japanese seismology by Robert J. Geller, April 28, 2011, https://www.nature.com/articles/nature10105.pdf

Situation Schweiz:

Die gesetzlich geforderten Sicherheitsanalysen (Fig. 2) der Schweizer KKW werden laufend nachgeführt und entsprechen dem Stand von Wissenschaft und Technik. Dabei wird die Sicherheitsauslegung der KKW gegen alle intern und extern ausgelösten Störfälle analysiert und falls angezeigt (z. B. bei neuen oder inzwischen erhöhten Gefährdungsszenarien) die nötigen Massnahmen getroffen, um die Auslegung zu erfüllen. Mit der deterministischen Störfallanalyse ist nachzuweisen, dass ein abdeckendes Spektrum an sogenannten Auslegungsstörfällen[13] durch die Schutzmassnahmen (aktiv oder passiv) zuverlässig und mit Reserven so beherrscht wird, dass es zu keiner massiven Kernschädigung kommt und die gesetzlichen Akzeptanzkriterien (Strahlendosisgrenzwerte) eingehalten bleiben. Ob die deterministischen Schutzmassnahmen gegen Störfälle angemessen und ausgewogen sind, wird mit Hilfe einer probabilistischen Sicherheitsanalyse (PSA) bewertet. Allerdings geht die PSA-Risikobewertung weit über die deterministische Sicherheitsanalyse hinaus. Dabei steht nicht nur der gesetzlich vorgeschriebene nötige Einbezug aller Auslegungsstörfälle im Vordergrund, um die Bevölkerung und die Umgebung wirksam zu schützen.

Die PSA jedes Schweizer KKW untersucht das Unfallrisiko mittels der Methode der Wahrscheinlichkeitsrechnung und sehr komplexer System-Zuverlässigkeits-Versagensanalysen bis auf die Ebene von Bauteilen herab. Ein KKW hat etwa 100'000 Bauteile.

Die PSA untersucht im Sinne eines Worst-Case-Vorgehens, unter welchen Umständen auch das Versagen hochzuverlässiger Sicherheitseinrichtungen – bis hin zu unwahrscheinlichsten Kernschadens- und Kernschmelzszenarien – zur Ausweitung von Störfällen führen könnte. Hierbei werden unter Einbezug probabilistischer Grössen auch die Zuverlässigkeiten und die weltweit registrierten Ausfallwahrscheinlichkeiten von redundanten Einrichtungen, der Unabhängigkeitsgrad diversitärer Sicherheitsvorkehrungen, sowie der Faktor Mensch als Risiko, aber auch als Chance mittels grosser Computerprogramme modelliert.

Dabei eingeschlossen waren immer schon auch allerseltenste Schwerstunfälle wie der in Fukushima. Hierzu wird das Szenario eines vollständigen Station Blackouts untersucht, welches in Fukushima zu den Kernschmelzen führte. Aufgrund des sehr hohen und robusten Sicherheits-Auslegungsniveaus der Schweizer KKW bewegt sich das PSA-errechnete Kernschadens-Risiko auf einem unvorstellbar kleinen Niveau. In einem weiteren Modellierungsschritt wird auch das Freisetzungs-

13 Das abdeckende Spektrum der sog. Auslegungsstörfälle verhindert bis zu einer Eintretenswahrscheinlichkeit von 1:1Mio alle Störfälle, die eine Person im Folgejahr in der Umgebung mit mehr als 100 mSv belasten könnte.

risiko für grosse Mengen an Radioaktivität nach einem Kernschadensszenario aus dem Sicherheitsstahlbehälter errechnet. Dieses Risiko ist aufgrund des sehr guten Zustands und damit der Rückhalteeigenschaften der Stahlbehälter in Schweizer KKW nochmals viel geringer. Solche und andere Szenarien wurden in Schweizer KKW bereits viele Jahre vor dem Fukushima Unfall analysiert und modelliert.

Extern ausgelöste Störfälle sind selbstverständlich länderspezifisch zu analysieren, denn es versteht sich von selbst, dass ein KKW an einer Meeresküste oder an einem grossen See anderen Risikofaktoren ausgesetzt ist als ein Schweizer KKW unterhalb eines Fluss-Stauwehrs. Das Schweizer Kernenergierecht verlangt, die Konsequenzen sehr seltener Naturgefahren (einschliesslich Extremwetteranalysen) bis zu einer sehr strengen 10'000 jährlichen Wiederkehrperiode als Grossereignisse in unseren Breitengraden zu analysieren, zu modellieren und die Anlagen dagegen zu 100 % zu schützen. Besonderes Augenmerk galt nach Fukushima einem hohen Schutzgrad gegen das gekoppelte Ereignis eines Extrem-Erdbebens mit Extrem-Hochwasser unserer Flüsse, die für die KKW als Notkühlungsreservoire dienen.

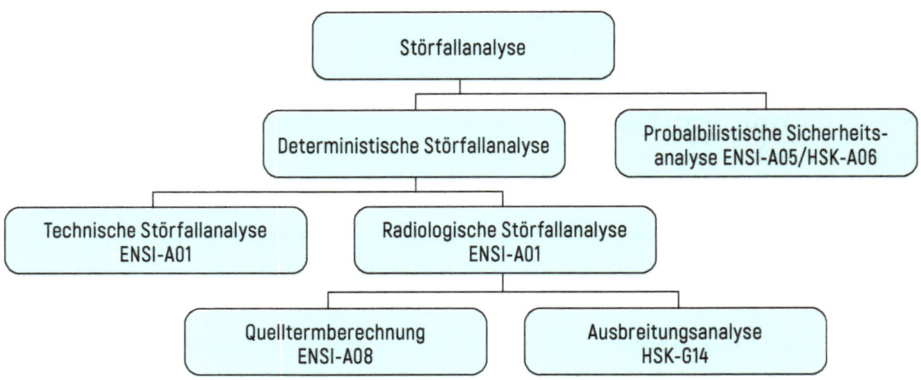

Fig 2: Grundsätzlicher Aufbau der Sicherheitsanalysen für Schweizer KKW (nach Kernenergiegesetz)

Diese Sicherheitsanalysen werden entweder bei Vorliegen neuer Rahmenbedingungen, neuer Gefährdungsszenarien oder alle zehn Jahre im Zuge der sogenannten Periodischen Sicherheitsüberprüfung (PSÜ) von den KKW-Betreibern komplett aktualisiert und danach von der Behörde ENSI eingehend geprüft. Ein wichtiger Untersuchungsaspekt innerhalb der PSÜ sind immer die sogenannte Common Cause Failures (CCF). Dies sind Fehler mit gemeinsamer Ursache, wo zum Beispiel ein gleichzeitig auftretender Fehler oder Schaden an redundanten oder sogar diversitären Sicherheitssystemen unter Umständen die gesamte Notkühlung inoperativ macht. Dabei sind prinzipiell örtlich übergreifende Auslöser wie Brände, Erdbeben oder Überflutungen immer besonders auf ihre Auswirkungen hin zu untersuchen. Hierzu werden weltweit identifizierte CCF-Ereignisse systematisch und periodisch gesichtet und überprüft, ob das Kraftwerk davon betroffen ist. In der Schweizerischen Kernenergiegesetzgebung ist der Grundsatz festgehalten, dass sich die Betreiber um die Aufrechterhaltung des Standes von Wissenschaft und Technik in ihren Kraftwerken bemühen müssen und dabei in jedem Fall den weltweit besten etablierten Stand umzusetzen haben. Ebenfalls gibt es eine Nachrüstpflicht, falls Analysen oder andere Untersuchungen Auslegungsschwächen, Alterungsdiagnosen und sonstige Abweichungen von der Betriebserlaubnis identifizieren. Diese können unter Umständen zur zeitweiligen Ausserbetriebnahme der Anlage führen.

2. Falsche Standortwahl

Bei den Unfallanalysen stach sehr früh ein grundlegendes Detail ins Auge, was als schwerer «Geburtsfehler» und beträchtliches inhärentes Defizit der Fukushima-Anlage eingestuft wurde. Bei der Projektierung der vier KKW Anfang der 1960er Jahre hatte der Betreiber TEPCO – um den Wirkungsgrad der Anlage zu erhöhen – entschieden, den Standort des KKW so tief wie möglich, nur wenig höher als Meeresspiegelhöhe zu positionieren und nicht, wie im Vorprojekt vorgesehen, das natürliche ca. 15-20 Meter höher gelegene Niveau zu nutzen. Diese ungünstige bautechnische Terrainabsenkung, gepaart mit einem für diese Voraussetzung massiv unterdimensionierten Tsunamiwellenbrecher-Schutz im Nahbereich vor der Anlage trugen in erheblichem Masse für den katastrophalen Verlauf des Unfalls bei.

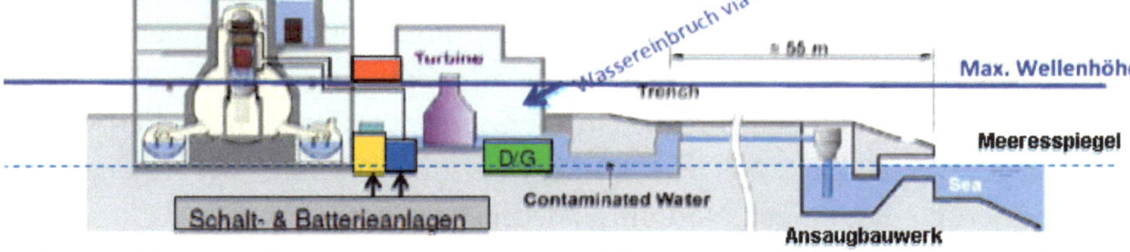

Fig. 3: Fukushima Daiichi: Standortniveau und Überflutungssituation während des Tsunamis

Situation Schweiz:
Die Standortwahl und -projektierung der Schweizer KKW erfolgte von Beginn weg nach sicherheitsrelevanten Kriterien. Bis heute wurde bei verschiedenen Grundsatzprüfungen (PSÜ) wiederholt nachgewiesen, dass durch eine sorgfältige und geeignete Standortwahl der KKW die landes- und regionaltypischen Naturrisiken – auch nach heutigen Einschätzungen – ausreichend berücksichtigt wurden und weiterhin beherrschbar sind. Langjährige, bis heute erhobene meteorologische Daten, Erdbebendaten und Hochwasser-Aufschreibungen rechtfertigen die Standorte unserer KKW.

3. Zu schwache bau- und systemtechnische Anlageauslegung

Die älteren japanischen Anlagen wie auch Fukushima verfügten nur über die vom Hersteller in alle Länder gelieferte standardmässige systemtechnische und bautechnische Sicherheitsauslegung der Gesamtanlage. Diese entsprach den damaligen Sicherheitskonzepten der 1960er Jahre. Man hatte damals seltenste externe Extremauslöser für Störfälle wie Schwerst-Erdbeben, Mega-Tsunamis und gezielte Passagier-Flugzeugabstürze noch nicht, oder nur ansatzweise in die Auslegung einbezogen. In diesen KKW gab es daher die Standard-Sicherheitseinspeise-Systeme des Herstellers ohne speziell geschütztes Notstandssystem. Zudem gab es lediglich den Pazifik als alleinige und gemeinsame Wärmesenke sowohl für die betriebliche Kühlung als auch für die Notkühlung.

Die (über-)lebenswichtigen elektrischen Schaltanlagengebäude und Batterieräume lagen nur knapp oberhalb des normalen Meeresniveaus (Fig. 3). Das Dichtkonzept der relevanten Gebäude, insbesondere von Türen und Toren, waren nicht ausreichend auf Mega-Tsunami-induzierte Wellendrücke und -intensitäten ausgelegt. Die bauliche Separation und der gegenseitige Abschluss von Räumen mit redundanten Sicherheitssystemen waren suboptimal. Gleiches galt für den Schutz der unterirdischen Leitungs- und Kabelkanäle, durch die das Wasser in die Gebäudeteile mit wichtigen elektrischen Systemen eindrang und die Sicherheitssysteme versagen liess. Ebenso fehlte ein robuster Schutz der Kühlwasser-Ansaugbauten gegen Versandung, was nach kurzer Zeit zum Verschluss der Ansaugstellen und Blockierung des nötigen Notkühlwasserflusses führte (Fig. 3).

Es fehlten weitere zeitgemässe Notfallpräventions- und Notfall-Mitigations-Einrichtungen. Hierzu hätten gefilterte Druckentlastungen des Sicherheits-Stahlbehälters gehört, um im Worst Case nur eine minimierte Menge an Radioaktivität an die Aussenwelt abzugeben. Zusätzlich wären im Reaktorgebäude vorinstallierte passive Wasserstoff-Rekombinatoren nötig gewesen, die den unfallbedingten H2 im Reaktorgebäude stromlos und explosionsfrei zu Wasser rekombiniert hätten. Die Explosionen hatten die bereits vorbereiteten Noteinspeise-Installationen zerstört. Weiter fehlte eine Einrichtung zum kontrollierten gefilterten Druckabbau des Sicherheitsbehälters (Stahlcontainments).

All diese groben Auslegungsmängel hätten in der Vergangenheit sukzessive durch sorgfältige periodische deterministische und probabilistische Sicherheitsanalysen rechtzeitig aufgedeckt werden müssen und hätten mittels einer Reihe von Korrektur- und Nachrüstmassnahmen zur Beherrschung oder mindestens zu einem wesentlich milderen Ablauf des Unfalls beigetragen. Rechtzeitige Nachrüstmassnahmen, um alle älteren japanischen KKW auf den Stand von Wissenschaft und Technik zu bringen, wären noch immer um rund einen Faktor zwanzig günstiger gewesen als die unfallbedingt entstandenen Totalverluste der KKW und die verursachten Schäden in der Region um die KKW. Von den menschlichen Schäden ganz zu schweigen.

Situation Schweiz:

Kern-Notkühl- und Nachwärme-Abfuhrsysteme

Die Schweizer KKW sind bezüglich ihrer Sicherheitssysteme sowohl redundant als auch diversitär aufgebaut.

Die Redundanz erfolgt in doppelter Weise: Zwei identische Notkühlsysteme verfügen jeweils über zwei identische Einspeisestränge (Fig. 4). Man erkennt somit bereits ohne grosse Theorie, dass die Wahrscheinlichkeit eines Ausfalls beider Systeme und/oder insgesamt aller vier Stränge gleichzeitig extrem klein sein muss.

Kernnotkühl- und Nachwärme-Abfuhrsysteme sind in unseren KKW so ausgelegt, dass ein auslösendes Ereignis (z. B. ein Leck oder Bruch im betrieblichen Teil des Primärkreises, Fig. 4) einen sogenannten Auslegungsstörfall (Kühlmittelverlust im Reaktor) auch dann beherrscht,

- wenn neben einem unabhängigen Einzelfehler (Zufallsfehler) an einer aktiven Komponente das Sicherheits-Einspeisesystem 1 nicht mehr verfügbar ist
- und zusätzlich das Sicherheits-Einspeisesystem 2 wegen einer momentanen Instandhaltung eines Notstromdiesels oder einer Pumpe nicht verfügbar ist.

Diversität: Notstandssystem

Die Zuverlässigkeit für eine rasche Einspeisung wird aber selbst für den extrem seltenen Fall eines gleichzeitigen Ausfalls beider Notkühlsysteme gewährleistet: In allen Schweizer KKW steht zusätzlich noch ein grundsätzlich anders konzipiertes und aufgebautes – sprich: diversitäres – autarkes Notstandssystem zur Kühlung des Reaktorkerns und des Stahlbehälters bereit (Fig. 4). Diese Notstandssysteme waren als neuer Sicherheitsstandard bei der Neuerstellung der KKW Gösgen und Leibstadt bereits projektiert. Bei den Werken Beznau und Mühleberg wurden sie in der Folge des Unfalls in Tschernobyl gegen Ende der 1980er Jahre nachgerüstet. Wie auch die anderen Notkühlsysteme verfügt ein Notstandssystem über eigene Dieselgeneratoren und damit über eine unabhängige Stromversorgung und trägt im Notkühlfall zur Nachkühlung von Reaktor- und Containment mittels eigenem robustem Grundwasserbrunnen bei. So folgt auch die Notwasserversorgung dem Diversitätsgebot: Falls der Fluss durch ein Schwerst-Erdbeben seinen Lauf verlöre und die Ansaugstellen für das Notkühlwasser nicht mehr versorgt würden, so wird das KKW weiterhin durch unabhängige Grundwasserbrunnen via Wärmetauscher im abgeschalteten Zustand nachgekühlt. Das autarke Notstandssystem gewährleistet die automatische Nachwärmeabfuhr für mindestens 10 Stunden nach Eintritt des Störfalls. Anmerkung: Die Nachzerfallswärme eines Reaktorkerns nimmt in den ersten Stunden nach einer Reaktorschnellabschaltung exponentiell rasch ab und ist bei kleinem Reaktorbehälterdruck sehr gut abführbar.

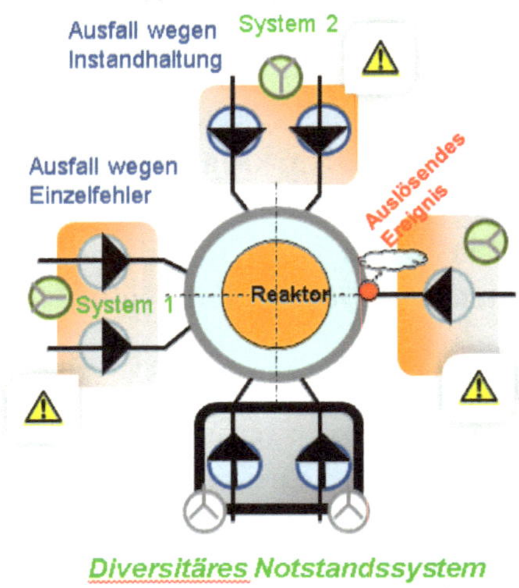

Fig. 4: Prinzipiell redundanter und diversitärer Aufbau mit zwei mehrsträngigen Kernnotkühl- und Nachwärmeabfuhrsystemen und einem 2-strängigen Notstandssystem eines Schweizer KKW

Das autarke, gebunkerte und speziell verriegelte; zweisträngige Notstandssystem der Schweizer KKW schützt den Reaktorkern und den Stahl-Sicherheitsbehälter vor Überhitzung des Brennstoffs und vor allem gegen externe Gefährdungsszenarien, die einen vollständigen Blackout des Kraftwerks verursachen könnten, wie:

- Terrorangriffe von ausserhalb und innerhalb des KKW
- Sabotage
- Ungeplanter oder gezielter Flugzeugangriff
- Explosionen
- Schwerst-Erdbeben
- Hochwasser und interne Überflutung
- Stromausfall durch externen Leitungsunterbruch oder Ausfall aller internen Notstromdiesel

Das Notstandssystem dient also zur weiteren Minimierung der Eintrittswahrscheinlichkeit eines Kernschadens.

Das Prinzip der hohen Redundanz und Diversität bei den robusten, gut geschützten und maximal instandgehaltenen Notkühlsystemen und dem Notstandssystem sorgt für eine jederzeit höchste Zuverlässigkeit einer robusten Nachkühlbarkeit des abgeschalteten Reaktorkerns. Dies stellt eine der wichtigsten Grundlagen für das minimale Risiko der Schweizer KKW für einen totalen Blackout (SBO) dar.

Fazit 1: Hätten die Anlagen Fukushima-Daiichi bei allen anderen ihrer Defizite und Mängeln wenigstens über ein Notstandssystem der Qualität eines Schweizer KKW verfügt, so hätte sich der Kernschmelzunfall mit nachfolgend grosser radioaktiver Freisetzung mit hoher Wahrscheinlichkeit vermeiden lassen.

Unfallfilter

Bei einem Kernschadensszenario erhitzt sich der Kern sehr rasch auf Temperaturen von bis zu 3000°C. Dabei verdampfen schlagartig grosse Teile des Reaktorwassers und bilden einen hohen Druck im Sicherheitsbehälter aus. Nach dem Unfall von Tschernobyl wurden in allen Schweizer KKW «Unfallfilter» (FCVS, Filtered Containment Venting System) für das innenliegende Stahlcontainment (Primärcontainment oder Sicherheitsbehälter) nachgerüstet (Fig. 5).

Um eine unkontrollierte Freisetzung von radioaktiven Stoffen infolge eines Überdruckversagens des Sicherheitsbehälters nach einem schweren Kernschadensunfall zu verhindern, bricht bei einem vordefinierten bestimmten Maximaldruck eine keramische Berstscheibe in der Rohrleitung zum Filter und entlässt den Überdruck des Stahlbehälters mit den radioaktiven Stoffen in einen Tank mit einem flüssigkeitsgefüllten chemischen Gaswäscher. Dadurch wird einerseits der Stahlbehälter vor einem Druckversagen mit unkontrollierbarer Freisetzung von Radioaktivität geschützt. Andererseits wird durch die spezifischen Filtereigenschaften des Wäschers eine ganz bedeutende Reduktion der (kontrolliert) freigesetzten radioaktiven Stoffe erreicht. Die Reduktion betrifft die beiden luftgetragenen relevanten radioaktiven Stoffe:

- Cäsium 137-Aerosole, welche eine langandauernde Landkontamination bewirken. Die Cäsium-Aktivität wird bei Spülung im Gaswäscher um den Faktor 20'000 reduziert.
- Jod-131, welches vor allem bei Kindern zu Schilddrüsenkrebs führen kann. Die Jod-Aktivität wird bei Spülung im Gaswäscher um den Faktor 5'000 reduziert.

Nach diesem Waschvorgang wird der Dampf mit stark reduzierter Radioaktivität über den Werksabgaskamin auf etwa hundert Metern Höhe abgegeben.

Die gefilterte Druckentlastung hat zudem den günstigen Effekt, dass auch beträchtliche Anteile von potenziell explosionsfähigem Wasserstoffgas mit dem entweichenden Dampf aus dem Stahlbehälter entfernt werden.

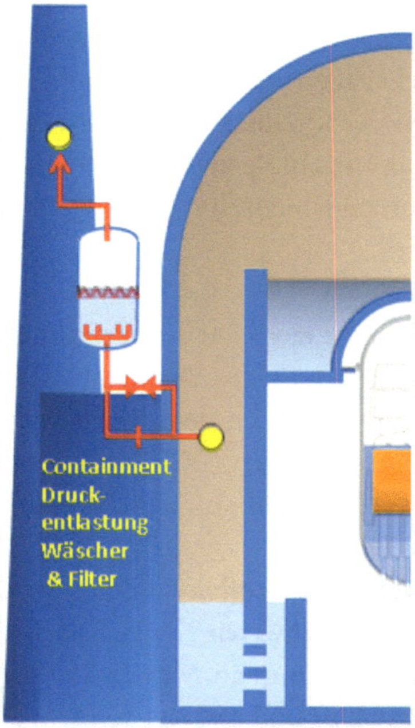

Fig. 5: Unfallfilter FCVS zur Minimierung der radiologischen Auswirkungen auf Bevölkerung und Umgebung

Wasserstoffabbausysteme

Durch den Unfall von Tschernobyl 1986 wurden auch die Schweizer KKW noch stärker für die Wasserstoffproblematik sensibilisiert. Es war auch für Kraftwerke westlicher Bauart evident, dass bei einem schweren fortgeschrittenen Reaktorunfall mit bereits eingetretenem Kernschaden und undichtem Reaktorbehälter im Innern des Sicherheitsstahlbehälters grosse Mengen an Wasserstoffgas entstehen. Dieses reagiert mit dem Sauerstoff im Stahlbehälter ab bestimmten Konzentrationen extrem explosiv und kann dabei Behälter und Gebäude zerstören (Fig. 6).

Dies hatte sich auch so in Fukushima bewahrheitet. Durch die Detonationen traten grosse Mengen an Radioaktivität ins Freie und verteilten sich in der Umgebung. Durch eine frühzeitige Verbrennung oder Katalyse bereits kleiner unkritischer Mengen des Wasserstoff-Sauerstoffgemisches mittels aktiv elektrisch betriebener Wasserstoffzündkerzen oder stromfreier passiver autokatalytischer H_2/O_2-Edelmetall-Rekombinatoren lässt sich eine solche Explosion verhindern.

Unsere KKW sind seit Betriebsaufnahme oder seit den frühen 90er Jahren mit derartigen Systemen ausgerüstet, um auch extrem unwahrscheinliche Unfallabläufe in ihren Auswirkungen zu lindern und zu begrenzen. Mit einem Wasserstoffabbausystem im Reaktorgebäude der KKW Fukushima-Daiichi hätten die gewaltigen Detonationen vermieden werden können. Durch diese Detonationen waren die mit grossem Improvisationsgeschick nur wenig vorher aufgebauten Noteinspeisestrecken zur Milderung des Unfallgeschehens der Reaktoren vollständig zerstört worden.

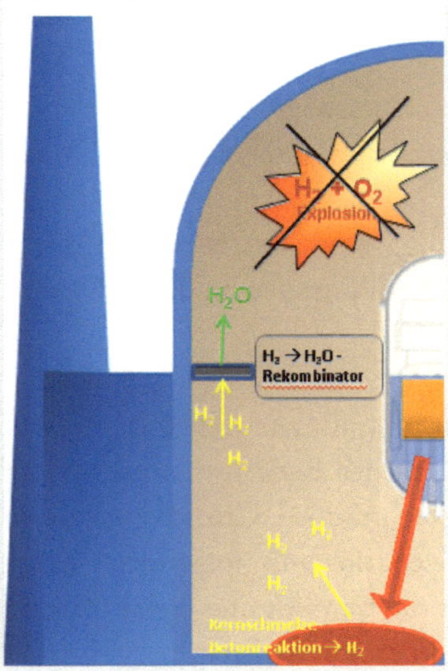

Fig. 6 Wasserstoffabbausysteme zur Verhinderung von Knallgasexplosionen und Zerstörung der Radioaktivität rückhaltenden Strukturen

In der späten Unfallphase musste man nach massivem Anstieg des Innenbehälterdrucks eine grosse Menge an Radioaktivität völlig ungefiltert abgeben. Dazu waren in den Stunden vorher zehntausende Einwohner aus einem dreissig Kilometer Radius um die Anlage evakuiert worden. Durch die grosse Hitze entstanden Undichtigkeiten am Stahlcontainment, weshalb sich explosive Mengen an Wasserstoff im Reaktorgebäude ansammelten und später explodierten. Dadurch wurden zusätzlich grosse Mengen Radioaktivität in die Umgebung geschleudert.

Fazit 2: Mit den beiden oben beschriebenen modernen Standard-Vorsorge- und Schutzeinrichtungen aus einem Schweizer KKW hätte sich in Fukushima ein frühzeitig kontrollierter Abbau des explosiblen Wasserstoffs sowie eine kontrollierte und erfolgreich gefilterte Druckentlastung des Stahlcontainments mit wesentlich geringerer Radioaktivitätsfreisetzung nach den Kernschmelzen erreichen lassen.

4. Unvollständige Notfallvorsorge und defizitäres Notfall-Management

Nach dem Eintreten des gefürchteten vollständigen Blackouts im Kraftwerk zeigte sich schnell, dass die Notfallvorsorge für ein derartig schweres Szenarium unvollständig bis gar nicht vorhanden war. Es fehlte das wichtigste Notfallmaterial und die anlageseitige Voraussetzung zu dessen Einsatz:

- Räumfahrzeuge, Werkzeuge, Hilfsgeräte, Dieselgeneratoren, Feuerwehrpumpen, Druckluftkompressoren, anschlussgenormtes Schlauch- und Kabelmaterial;
- Kompatible Druckluftanschlüsse in strahlungsarmen Aussenbereichen der Gebäude zur Öffnung und Offenhaltung wichtiger Sicherheits- und Abblaseventile zur Drucksenkung im Reaktor;
- Kompatible Anschlussstutzen in strahlungsarmen Aussenbereichen der Gebäude für rasche, externe Kühlwassereinspeisungen in den Reaktorkreislauf (nach Druckabsenkung) und in die Brennelementbecken;
- Kompatible elektrische Anschlüsse in strahlungsarmen Aussenbereichen der Gebäude für die elektrische Versorgung der Notkühlpumpen und die Wiederaufladung der Batterien.

Neben der zwingenden Vorhaltung des essentiellen Notfallmaterials und den entsprechenden Voraussetzungen in der Anlage fehlte es der Betriebsmannschaft an grundlegenden reaktortechnischen und verfahrenstechnischen Grundkenntnissen zur Ablaufcharakteristik eines solchen Blackout-Szenarios mit folgendem Kernschaden. So existierten keine Notfallvorschriften für die Bewältigung dieser überaus herausfordernden Situation. Die Mannschaft war in ihren werkseigenen Notfallübungen niemals mit derartigen auslegungsüberschreitenden Blackout-Notfallszenarien konfrontiert worden. Man hatte in der Vorbereitung von Notfallübungen solch schwere Unfälle nicht in Betracht gezogen.

Situation Schweiz:
Die Schweizer KKW hatten sich bereits Ende der 1980er Jahre nach Tschernobyl in hohem Masse auf diese absolut seltenste Kategorie von auslegungsüberschreitenden Schwerstunfällen auf der Grundlage international ausgearbeiteter Richtlinien, SAMG (Severe Accident Management Guidelines) der Internationalen Atomenergie Agentur, IAEA und der Reaktorlieferanten vorbereitet.

Nach dem Unfall von Fukushima wurden auch bei uns diese Massnahmen nochmals auf ihre Korrektheit, Anwendbarkeit und Vollständigkeit hin geprüft, optimiert und ergänzt. In der Hauptsache wurden weitere Voraussetzungen geschaffen, um auch noch in diesem für uns hoch-unwahrscheinlichen Fall eines «Total»-Station Blackouts (weil: zusätzlicher Ausfall Notstandssystem) die Vermeidung eines Kernschadens resp. einer Radioaktivitätsfreisetzung in die Umgebung zu erreichen:

- Alle Anschlüsse für Strom, Wasser und Druckluft zu den entsprechenden Einspeisestellen in den KKW wurden konsequent nur in solche zugänglichen äusseren Bereiche der Gebäude verlegt, welche als extrem sicher gegen Erdbeben und Überflutung eingestuft wurden.
- Zusätzliche Beschaffung von Notfallmaterial wie mobile Dieselgeneratoren, mobile Feuerwehrpumpen, Druckluftkompressoren, Schläuche, Kabel, Werkzeuge und sonstige Ausrüstungen;
- Sicherstellung der Kompatibilität allen Notfallmaterials für den normierten Einsatz in allen Schweizer KKW (Partner-Aushilfekapazität);
- Deponierung des Notfallmaterials an geschützten Orten auf oder ausserhalb des Anlageareals;
- Von den KKW gemeinsam betriebenes, laufend aktualisiertes Notfallbereitschaftslager in Reitnau/LU mit allem nötigen Notfallmaterial auch für einen gleichzeitigen normierten Einsatz in allen Schweizer KKW über längere Zeitphasen. Periodische Funktionsprüfungen und Sicherstellung eines raschen Antransports durch Militärhelikopter;
- Aktualisierung der KKW-SAMG-Notfallvorschriften mit Akzentuierung des SBO;
- Aktualisierung der SAMG-Ausbildung unter Beizug von PSA-Echtzeit-Kernschadens-Modellen;

- Vermehrte periodische Notfallübungen zur Beherrschung oder Milderung von Extrem-Unfallszenarien (Schwerst-Erdbeben, Extremhochwasser, Flugzeugabsturz, Terrorangriff, etc.).

Fig. 7: Antransport eines Dieselgenerator-Notkühlwasserpumpen-Sets aus dem Notfall-Lager Reitnau während einer Notfallübung in einem Schweizer KKW

5. Mangelnde Notfallkoordination der Institutionen

Die Analyse im weiteren Umfeld des Fukushima-Daiichi-Unfalls hatte gezeigt, dass man für eine koordinierte Bewältigung eines solchen Unfalls in mehreren KKW-Blöcken gleichzeitig ungenügend vorbereitet war. Es existierten unzureichend vorbereitete Kommunikationswege und Kooperationsschienen bereits innerhalb des KKW, des Konzerns TEPCO, als auch auf Gemeinde-, Präfektur- und staatlichen Notfallebenen sowie bei der Aufsichtsbehörde selbst. Ein inkompetenter, langsamer und zum Teil widersprüchlicher Entscheidungsprozess, unter zum Teil unnötigem Leerlauf, trug entscheidend dazu bei, dass verschiedene Fenster an Eingriffsmöglichkeiten (windows of opportunities) ungenutzt vergingen und sich irreversibel schlossen. Es zeigte sich in aller Schärfe, dass die involvierten Stellen weder über ihre Pflichten und Kompetenzen Bescheid wussten noch ihre gegenseitigen Schnitt- und Kooperationsbereiche kannten. Unnötiges Hierarchiegerangel und mangelnde Verantwortungsübernahme auf verschiedenen Ebenen taten ein Übriges, um zeitnahe Entscheide, Hilfe und Unterstützung für die Betriebsmannschaften vor Ort zu behindern. Insgesamt zeigte die spätere Analyse, dass während Jahren keine Gesamtnotfallübungen zu, unter Umständen, Regionen-übergreifenden Schwerstunfällen von Kernkraftwerken stattgefunden hatten.

Situation Schweiz:
Vor dem Hintergrund der Ereignisse im japanischen Fukushima setzte der Bundesrat am 4. Mai 2011 eine interdepartementale Arbeitsgruppe zur Überprüfung der Notfallschutzmassnahmen bei Extremereignissen in der Schweiz (IDA NOMEX) ein. Die Leitung hatte das Bundesamt für Energie im Eidgenössischen Departement für Umwelt, Verkehr, Energie und Kommunikation. Der Bundesrat hat den Bericht der IDA NOMEX im Jahr 2012 zur Kenntnis genommen und die zuständigen Bundesstellen mit der Umsetzung der darin aufgeführten Massnahmen beauftragt. Dabei zeigte sich, dass klar ausdefinierte Kommunikationswege und eine stringente Pflichtenkoordination und Entschlussfassungsprozesse zwischen KKW, Nationaler Alarm Zentrale (NAZ, Fig. 8), Eidgenössischem Nuklear Inspektorat (ENSI), kantonalen Stäben und der Bundesstelle Leitender Ausschuss für Radioaktivität (LAR) existieren und weiter entwickelt werden.

Die Festlegung klarer Strukturen und Aufgabenzuteilungen erfolgen über die «Verordnung über den Notfallschutz in der Umgebung von Kernanlagen», gestützt auf das «Kernenergiegesetz» und das «Bundesgesetz über den Bevölkerungsschutz und den Zivilschutz». Die Bewältigung und Schadensminimierung für Mensch und Umwelt wird in komplexen Gesamtnotfallübungen in regelmässigen Abständen für alle KKW und für alle weiteren involvierten Stellen geübt. Dabei kommen modernste Prognosetools zum Einsatz: zum Beispiel Meteo Prognosen-gekoppelte Ausbreitungs-Computer-Codes zur radiologischen Situationsabschätzung. Engmaschig betriebene Messnetze für Radioaktivität werden zur Warnung und zum Schutz der Bevölkerung eingesetzt. Diese Gesamtnotfallübungen werden von Spezialisten des Bundes und der KKW beobachtet und anschliessend bewertet. Die Lehren aus diesen Prozessen («Lessons Learned») und alle daraus abgeleiteten Massnahmen werden an alle Teilnehmer übermittelt und deren terminierte Umsetzung nachfolgend überprüft.

Fig. 8: Eindrücke während einer KKW Gesamtnotfallübung in der Einsatzzentrale der NAZ, Zürich

6. Fehlende Unabhängigkeit und defizitäre Sicherheitskultur der staatlichen Aufsicht

Die japanische Nuklearindustrie genoss seit jeher hohe Privilegien in der Politik: Sie war seit Mitte der 1950er Jahre – in Ermangelung eigener fossiler Energieressourcen – ein systemrelevanter Faktor erster Güte.

- Dazu gehört als heikelster Punkt, die Einbettung der damaligen Atom-Aufsichtsbehörde NISA in das Wirtschaftsministerium METI. Der Wirtschaftsminister selbst war der direkt Vorgesetzte des NISA-Direktors. Damit war die notwendige Unabhängigkeit und Durchsetzungskraft der Atombehörde, welche von der IAEA Nuclear Safety Convention in Art. 8 gefordert war, nicht erfüllt. Das Wirtschaftsinteresse war der nuklearen Sicherheit eindeutig übergeordnet. Dies zeigte sich bei Fukushima in schlimmster Form, da ineffektive Überprüfungen der Aufsichtsbehörde über Jahrzehnte nicht zu den erforderlichen Nachrüstungen des Kraftwerks geführt hatten, die dem Stand von Wissenschaft und Technik entsprachen. Die bei uns bewährten Prinzipien der Gewaltentrennung und Unabhängigkeit zwischen Regierungsaufsicht und Beaufsichtigten war im japanischen Nuklearsektor gesetzlich nicht verankert.

- In den gleichen Zusammenhang gehört auch die in der japanischen Nuklearindustrie gängige Praxis des «Amakudari» (jap.: vom Himmel herabsteigen, 天下り), welche alles andere als sicherheitsorientiert ist: Aufsichtsbeamte, die sich gegenüber der Industrie während ihrer Dienstzeit «loyal» verhielten, wurden nach ihrer Pensionierung noch eine Zeitlang für eine besser dotierte Funktion in der Kernenergieindustrie oder in einem KKW übernommen, um ihre Pensionskasse aufzubessern. Ein fatales Anreizsystem mit falschen Signalen an die Beamten einer Aufsichtsbehörde! Der Unfall von Fukushima stellte den traurigen Höhepunkt eines verfehlten Vorgehens zwischen Behörde und Betreibern dar.
- Durch diese jahrelange Abhängigkeitskonstellation ist es auch zu verstehen, dass erst nach dem Unfall von Fukushima Anstrengungen unternommen wurden, das überalterte japanische Atomgesetz aus den späten 1950er Jahren durch eine vollständige Neufassung zu ersetzen. Im alten Atomgesetz fehlten alle wesentlichen neuen nuklearen Sicherheitsstandards und Sicherheitsvorgaben, welche sich mit dem ständigen Fortschritt der wichtigen internationalen Regelwerke der IAEA, OECD oder der NRC in den vergangenen 60 Jahren weiterentwickelt hatten. Der Aufsichtsbehörde fehlten deshalb Vorgaben zum internationalen Stand von Wissenschaft und Technik, was eine moderne Aufsicht und die sich daraus abzuleitende Durchsetzung äusserst schwierig bis unmöglich machte.
- Weiter waren in Reviewpanels oder in der übergeordneten nuklearen Sicherheitskommission (NSC) der Regierung keine kritischen oder industriefernen Experten zugelassen. Die «Aufsicht über die Aufsicht» war ebenfalls ineffektiv. Es gab damals verschiedene Seismologie-Professoren an den Universitäten von Tokyo, Kobe und Sendai, die seit vielen Jahren auf die hohe Wahrscheinlichkeit eines grossen Tsunamis an der nordjapanischen Küste aufmerksam gemacht hatten und weitere Verbesserungen und Vorkehrungen bei der Kernkraftwerkssicherheit und beim konventionellen Tsunami-Bevölkerungsschutz gefordert hatten. Diese kritischen Experten, die nicht per se Gegner der Kernenergie waren, wurden nicht in das System integriert.
- Im japanischen Politsystem fest verankert ist der sogenannte «Presseclub» (jap. Kisha Kuraba). Für diesen Club werden von der Regierung diejenigen Zeitungen und Journalisten als Mitglieder ausgewählt, die sehr effektiv die Meinung der Regierung reflektieren und an die Öffentlichkeit weitergeben. Von Japankennern wurde damals stark vermutet, dass auch aufgrund der Dynamik dieses Systems allfällige Probleme der japanischen Kernenergie über Jahre hinweg

kaum oder gar nicht öffentlich thematisiert wurden. Ergo existierte eine effektive kritische Gegnerschaft der Kernenergie in Japan vor Fukushima nur in kaum wahrnehmbarem Rahmen. Auch der quasi staatliche Fernsehsender NHK war damals äusserst regierungsloyal in seiner Berichterstattung zur heimischen Kernenergie. Eine fundierte gesellschaftliche Diskussion zu den Risiken der Kernenergie fand in Japan bis zum Fukushima-Unfall nur in engen Grenzen statt.

- In Japan herrscht kulturbedingt ein starker, traditionell verankerter Autoritäts- und Hierarchieglaube (Fig. 9), der nicht nur einen starken Gehorsam zufolge hat, sondern oft auch eine Haltung der konstruktiven Kritik und Hinterfragung des Einzelnen verunmöglicht. Die Hierarchien waren im Allgemeinen starr und eine Durchlässigkeit für andere Ansichten, geschweige denn Kritik von der Basis zur Führung von Institutionen war kaum gegeben. Entsprechend unserem westlichen Verständnis gelten solche Voraussetzungen nicht als sicherheitsgerichtet oder sicherheits(kultur)fördernd, obschon Japan rein technologiemässig einen Weltspitzenrang belegt.

Fig. 9: Premierminister Naoto Kan entschuldigt sich am 14. März 2011 bei Volk und Tenno für den Nuklearunfall von Fukushima

Situation Schweiz:

Der oberste Grundsatz des sehr modernen schweizerischen Kernenergiegesetzes vom 21. März 2003 (KEG; SR 732.1) ist die Einhaltung der nuklearen Sicherheit – eindeutig vor Gesichtspunkten der Wirtschaftlichkeit. Gemäss Artikel 22 KEG ist der Bewilligungsinhaber (In der Schweiz ist das das KKW und nicht die dahinterstehenden Besitzergesellschaften) für die Sicherheit der Anlage und des Betriebs verantwortlich. Das Eidgenössische Nuklear Sicherheits Inspektorat (ENSI) wacht als Aufsichtsbehörde des Bundes darüber, dass der Betreiber diese Verantwortung wahrnimmt. Das ENSI nimmt seine Aufsichtstätigkeit in Übereinstimmung mit den gesetzlichen Anforderungen wahr, und übt diese zudem auf der Grundlage von Richtlinien aus, welche sich am aktuellen Stand von Wissenschaft und Technik orientieren und ständig weiterentwickelt werden. Das ENSI ist mit allen zur Erfüllung seiner Aufgabe nötigen fachlichen Kompetenzen und rechtlichen Befugnissen ausgestattet.

Die Unabhängigkeit des ENSI ist gesetzlich verankert. Gemäss Artikel 70 Absatz 2 KEG ist das ENSI eine in fachlicher Hinsicht nicht weisungsgebundene, von der Bewilligungsbehörde – d. h. vom Departement UVEK – formell getrennte Aufsichtsbehörde. Es ist eine öffentlich-rechtliche Anstalt des Bundes mit eigener Rechtspersönlichkeit. Das ENSI untersteht nur der Aufsicht des Bundesrates. Das ENSI nimmt Inspektionen zum Betrieb der verschiedenen Nuklearanlagen vor und beurteilt diese. Das ENSI verfügt Massnahmen, die die Sicherheit betreffen. Das ENSI beaufsichtigt und überprüft die zehnjährigen Periodischen Sicherheitsüberprüfungen (PSÜ). Es beurteilt und erteilt Freigaben für freigabepflichtige technische und organisatorische Änderungen in den Anlagen. Es beurteilt die Sicherheitskultur des Kaders bei der Führung und Sicherheitsorientierung der Mitarbeiter bei ihren Tätigkeiten

Das ENSI verfügt neben seiner Geschäftsleitung auch über ein strategisches Organ, den ENSI-Rat. Dieser amtet ebenfalls als internes Aufsichtsorgan. Gemäss Artikel 6 Absatz 3 des Bundesgesetzes vom 22. Juni 2007 über das Eidgenössische Nuklearsicherheitsinspektorat (EnsiG; SR 732.2) dürfen die Mitglieder des ENSI-Rates weder eine wirtschaftliche Tätigkeit ausüben noch ein eidgenössisches oder kantonales Amt bekleiden, welche geeignet wären, ihre Unabhängigkeit zu beeinträchtigen. Auch innerhalb des ENSI ist die Unabhängigkeit der Mitarbeiter von den KKW gewährleistet. Von den derzeit 140 Angestellten des ENSI arbeiteten vorher weniger als 10 Prozent in einer vom ENSI beaufsichtigten Anlage oder bei der Nagra.

Das ENSI als staatliche Sicherheitsbehörde beschäftigt Experten auf dem Gebiet der nuklearen Sicherheit und ist daher neben seiner Inspektionstätigkeit in der Lage, selber Gutachten zu erstellen. Bei Bedarf kann es jederzeit auf das Wissen externer Fachleute zurückgreifen.

Hingegen wurde im schweizerischen System der Nuklearaufsicht vom Gesetzgeber eine institutionalisierte Zweitmeinung zu grundsätzlichen Fragen der nuklearen Sicherheit vorgesehen. Die Kommission für nukleare Sicherheit (KNS, früher

KSA) steht dem Bundesrat, dem UVEK und dem ENSI als unabhängiges beratendes Organ zur Verfügung.

Nach Artikel 74 KEG muss das ENSI die Öffentlichkeit regelmässig über den Zustand der schweizerischen Kernanlagen informieren (Transparenzgrundsatz). Weiter besteht eine Pflicht zur Information der Öffentlichkeit bei besonderen Ereignissen. Das ENSI übt seine Kommunikationstätigkeit selbstständig und unabhängig aus und hält dabei die Grundsätze der wahrheitsgetreuen und objektiven Information ein. Mit Berichten, Broschüren und einer regelmässig aktualisierten Website informiert das ENSI die Öffentlichkeit laufend über die Entwicklungen in seinem Aufsichtsbereich.

Die Aufsicht über die Sicherheit der Kernanlagen in der Schweiz liegt in der Verantwortung einer einzigen unabhängigen Behörde – dem ENSI. Dies ist kein struktureller Mangel, sondern im Gegenteil eine zwingende Voraussetzung für die effektive Durchsetzung der Schutzinteressen der Bevölkerung. Wo immer grosse Risiken und komplexe Sachverhalte im Spiel sind – z. B. bei der Flugsicherung, bei der Finanzmarktaufsicht oder bei der Lebensmittelsicherheit – kann es nur eine massgebliche ungeteilte Aufsichtsinstanz geben.

7. Zusammenfassung

Fukushima stellte 25 Jahre nach Tschernobyl als erneuter Grossunfall der Kernenergie eine weitere Zäsur in der weltweiten Akzeptanz und Weiterentwicklung der Kernkraft dar. Es setzte der alten Welt der Kernenergie ein abruptes Ende. Was Kernenergiegegner seit Jahrzehnten behaupteten, dass es den Super-GAU aufgrund eines «Restrisikos» auch in Kernkraftwerken westlicher Art geben kann, war scheinbar geschehen. Aber weil der Unfalltyp nicht zur Kategorie «neues, unbekanntes, noch nie gedachtes Restrisiko» gehörte, hatte der Unfall schliesslich nüchtern betrachtet überhaupt keinen Neuwert. Und die Gegner lagen im Endeffekt mit ihren Pauschalisierungen falsch.

Die Fachleute waren sich bereits wenige Monate nach dem Unfall zu 90 % sicher, dass Ursache und Verlauf einfach erklärbar waren: Ein zu tief am Meer gelegtes, unzureichend geschütztes KKW, mit relativ einfacher Sicherheitsstruktur auf Basis einer nicht nachgerüsteten 60er-Jahre-Sicherheitsauslegung war von einer mächtigen Naturkatastrophe getroffen worden, und hatte in der Folge durch die Kombination Erdbeben- und Tsunamiverwüstung seine gesamte Stromversorgung und damit seine vollständige Nachkühlbarkeit verloren und auch nicht mehr herstellen können.

Dazu kam ein kritik resistenter, zur Erneuerung unfähiger Konzern, der über Jahrzehnte das gesamte interne und externe Verbesserungspotenzial ignoriert hatte und dadurch seiner gesellschaftlichen Sicherheitsverantwortung in keiner Weise nachgekommen war. Dies war aber von der Öffentlichkeit nicht wahrgenommen worden. Eine zahnlose, weil industriehörige Behörde konnte über Jahrzehnte hinweg wichtige sicherheitstechnische Modernisierungen, die das Werk auf einen akzeptablen Stand etablierter Technik gebracht hätten, gegen den mächtigen Betreiber nicht durchsetzen.

So endete dieses Trauerspiel in einer der höchst industrialisierten Nationen dieser Welt in einem bisher nie erlebten Station Black Out (SBO), was man sich bis zu diesem Zeitpunkt gemeinhin eher aufgrund von Korruption oder Schlamperei in einem Drittwelt- oder Schwellenland vorgestellt hatte. Der SBO ist nicht nur das Unangenehmste, was passieren kann – sondern auch das Peinlichste in der Kernenergie, da ja in unserer Branche Redundanz und Diversität quasi «heilige Kühe» sind. Der Unfall entspricht einem vollständigen Totalversagen. Jeder KKW-Techniker ist sich stets bewusst, dass ein SBO für jedes KKW tödlich verläuft, sofern er nicht schnell genug reparierbar ist. Die PSA-Spezialisten in aller Welt warfen im Verlauf des 11.03.2011 ihre Rechner an, und konnten gemäss ihren Abschätzungen ab diesem Zeitpunkt bereits recht genau vorhersagen, nach welcher Uhrzeit die einzelnen Reaktoren effektiv durchschmelzen würden. Kein Sachverständiger, der nicht wusste, dass die verzweifelten Rettungsversuche der Betriebsmannschaft, um Notmassnahmen zu installieren, scheitern würden. Und sie scheiterten.

Für die schweizerische Kernenergie war es auch bitter. Die gerade neu eingereichten Rahmenbewilligungsgesuche für zwei neue KKW der Generation 3+ wurden von den Betreibergesellschaften nach viel zu kurzen Abklärungen unter Druck der Medien und der Politik grundlos zurückgezogen. Den völlig überstürzten, später als unüberlegten und heute als vollends kontraproduktiv angesehenen Atomausstieg in Deutschland kopierte man in der Schweiz zwar – nur etwas halbherziger. Ein aus heutiger Sicht naiv anmutendes «Energiestrategie 2050»-Puzzle des Bundesamtes für Energie mit dem Verzicht auf Atomenergie triggerte später die aus heutiger Sicht versorgungstechnisch falsche und vermutlich auch ökonomisch unnötige Abschaltung des KKW Mühleberg durch die BKW und im Jahr 2017 ein links-grün ideologisch motiviertes Energiegesetz mit einem Verbot für neue KKW. Faktisch mit einem für ein marktwirtschaftliches Land unwürdigen Technologieverbot. Aus heutiger Perspektive eine unverantwortliche und unverhältnismässige schweizerische Reaktion auf grosse Schlamperei und grobe Fahrlässigkeit allein in der japanischen Atomenergie.

Was aber noch bitterer war: Es gab für Schweizer KKW keine wirklichen Lehren aus dem Unfall zu ziehen. Es gab einige Anpassungen im Bereich des Notfallmanagements, aber insgesamt war der Unfall für uns weitgehend sinnlos. Wenn man eines unserer KKW (selbst das damals 40-jährige KKW Mühleberg) an die Küste von Fukushima gestellt hätte, wäre der SBO und die nachfolgende Kernschmelze nach dem Tohoku-Seebeben mit Mega-Tsunami mit hoher Wahrscheinlichkeit ausgeblieben.

Der einzig vielversprechende und positive Punkt nach diesem SBO-Unfall ist, dass nun alle Anlagen auf der Welt auf systematische Art ein wesentlich verbessertes Notfall-Management mit den nötigen Prozessen, Ausbildung und Hardwaremassnahmen eingeführt haben, um künftig einen SBO und einen nachfolgenden schweren Kernschaden mit hoher Wahrscheinlichkeit zu vermeiden. Denn jeder grosse Unfall zog eine Jahrzehnte dauernde Stagnation der Kernenergie in der westlichen Welt nach sich.

So könnte diese weltweite systematische Stärkung der Sicherheitseigenschaften nach Fukushima in der Tat über die nächsten Jahrzehnte in Europa und den USA eine unfallfreie Zeit bedeuten, welche das öffentliche Vertrauen in die Kernenergie als wichtige nicht-fossile und klimafreundliche Stromquelle wieder stärkt. Dies wäre eine notwendige Voraussetzung, damit auch bei uns eine ruhige und möglichst lange Restlaufzeit der bestehenden KKW sichergestellt ist, und sich eine ungestörte Weiterentwicklung der Kernenergie zu neuen Horizonten entfalten kann.

7 Kosten Teil 1

Atomstrom ist billiger als Solarstrom

Atomkraftgegner behaupten oft, Strom aus Fotovoltaik sei viel billiger als Strom aus Kernkraftwerken. Auf den ersten Blick scheint das richtig zu sein – wenn man aber alle Faktoren berücksichtigt, schneidet die Atomkraft deutlich besser ab.

Immer wieder liest man, wie billig eine Fotovoltaik (PV)-Anlage heute sei. Und tatsächlich sind die Preise für Solarmodule in Europa in den letzten zehn Jahren rund auf ein Zehntel gesunken. Allerdings war die Reduktionsrate bis 2014 viel grösser als danach – seit 2019 stagnieren die Preise. Dieser grosse Preiszerfall korrespondiert mit einer starken Ausbreitung der PV-Technologie: 2020 wurde weltweit 25-mal mehr Solarstrom erzeugt als zehn Jahre davor.

Fotovoltaik steuert nur 3 Prozent der weltweiten Stromerzeugung bei

Das sind eindrückliche Resultate. Sie dürfen aber nicht darüber hinwegtäuschen, dass der Solarstrom 2020 nur 3 Prozent zur Elektrizitätsproduktion der Welt beigesteuert hat (das sind 0.5 Prozent des Primärenergieverbrauchs). Damit liegt er mehr als dreimal unter dem Anteil aus Kernkraftwerken (KKW), die zehn Prozent zur globalen Stromproduktion gebracht haben.

Studie im Auftrag des Bundes

Wie aber vergleicht man die Kosten verschiedener Energieträger? Die beste Antwort darauf habe ich in der Studie «Potenziale, Kosten und Umweltauswirkungen von Stromproduktionsanlagen» gefunden, die von Forschern des Paul Scherrer

Instituts im Jahr 2017 erstellt und 2019 aufdatiert wurde.[14] Die Studie, im Auftrag des Bundesamtes für Energie, erhebt die Stromgestehungskosten aufgrund der Methode der Levelized Costs of Electricity (LCOE).

Darin enthalten sind die gesamten Erstellungskosten, alle Betriebskosten über die Lebensdauer, die Rückbaukosten am Ende der Lebensdauer und die Kapitalkosten. Bei zukünftigen Prognosen sind die Werte entsprechend abdiskontiert. Und überall, wo möglich, sind die spezifischen Standortbedingungen der Schweiz unterstellt. Auf dieser Basis sind die durchschnittlichen Stromproduktionskosten verschiedener Energieträger für aktuelle Neubauten im Jahr 2019 sowie prognostisch für das Jahr 2035 berechnet worden. Die folgende Grafik stellt die Ergebnisse zusammen:

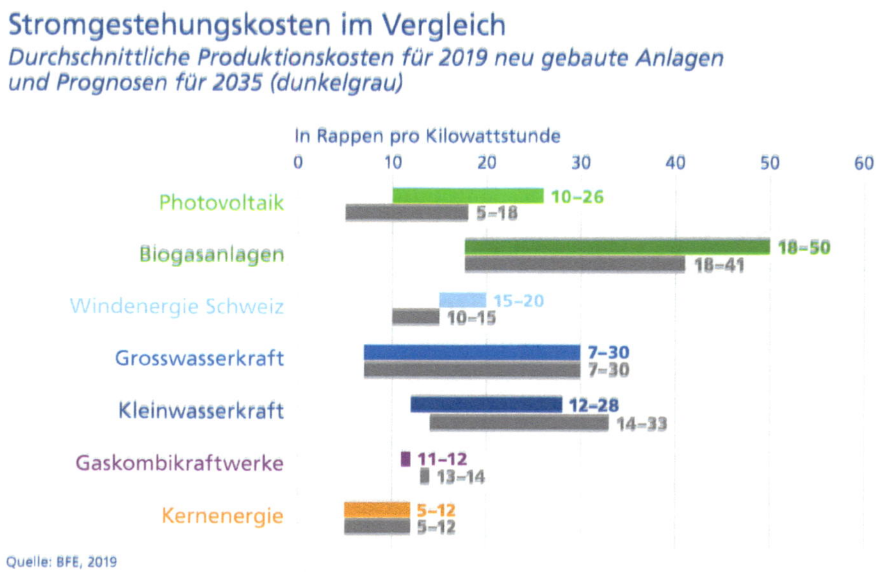

Fotovoltaik aktuell doppelt so teuer wie Atom

Die Messgrösse der Grafik ist Rappen pro Kilowattstunde (kWh). Damit fliesst die viel bessere Arbeitsauslastung der Kernenergie gegenüber PV in den Preis ein. Das erklärt zum Teil den vielleicht doch erstaunlichen Unterschied der Stromproduktionskosten von 10 bis 26 Rappen für PV (hellgrün, oben) gegenüber 5 bis

14 «Potenziale, Kosten und Umweltauswirkungen von Stromproduktionsanlagen», https://www.admin.ch/gov/de/start/dokumentation/medienmitteilungen.msg-id-68703.html

12 Rappen für Atomkraft (orange, unten), bei aktuell gebauten Anlagen. Bei den Solaranlagen muss man noch differenzieren zwischen Kleinanlagen unter 30 Kilowatt, die für 18 bis 26 Rappen pro Kilowattstunde produzieren, und Grossanlagen über 100 Kilowatt, die für 10 bis 12 Rappen pro Kilowattstunde produzieren.

Der dunkelgraue Balken bei jedem Energieträger zeigt die Prognose für 2035. Da sieht man deutlich das Verbilligungspotenzial bei Wind und Sonne: PV rückt jetzt mit ihren tiefsten Werten zur Kernkraft auf. Aber wieder: Das gilt nur für Grossanlagen. Die weitaus häufigeren Kleinanlagen auf privaten Hausdächern liegen noch immer im Bereich von 10 bis 18 Rappen pro Kilowattstunde – fast doppelt so teuer als Strom aus Kernkraftwerken.

Die Speicherkosten kommen noch dazu

Ein Blick auf die übrigen Energieträger zeigt, dass alle schlechter abschneiden als die Kernenergie: Am nächsten kommt ihr noch die Grosswasserkraft, am schlechtesten schneiden die Biogasanlagen ab. Interessant ist, dass sogar Strom aus Gaskombikraftwerken in dieser Gesamtbetrachtung eher teurer zu stehen kommt als Atomstrom.

Nicht vergessen darf man aber die ganz unterschiedliche Wertigkeit von Atom- und Solarstrom: In Kapitel 1 habe ich gezeigt, dass die durchschnittliche Arbeitsauslastung der PV-Anlagen in der Schweiz nur bei 10 Prozent liegt. Für ein funktionierendes Stromsystem müssen also während der Zeit, wo kein Strom aus PV kommt, Kurz- und Langzeitspeicher dazu gerechnet werden, die den Strompreis entsprechend in die Höhe treiben.

Vergleich Olkiluoto 3 mit Schweizer Solaranlage

Machen wir die Probe aufs Exempel und vergleichen die Strompreise aus dem soeben ans Netz gegangenen finnischen Kernkraftwerk Olkiluoto 3 und einer privaten Schweizer Solaranlage. Olkiluoto 3 gehört zur Kernkraftwerk-Reihe EPR, die dadurch Schlagzeilen gemacht hat, dass sie bei Bauzeit und Kosten jeden Rahmen gesprengt hat. Wir gehen also von einem sehr teuren europäischen KKW aus.

Laut «energiezukunft», einem deutschen Portal für erneuerbare Energien, hat der Bau von Olkiluoto 3 mit einer Nettoleistung von 1'600 Megawatt 10 Milliarden Euro gekostet, mehr als dreimal so viel wie geplant.[15] Mit diesen Kosten würde

15 «energiezukunft» https://www.energiezukunft.eu/politik/neues-atomkraftwerk-olkiluoto-iii-in-finnland-fertiggestellt/

nach 60 Jahren Betrieb und einer Arbeitsauslastung von 85 Prozent ein Preis von 1,4 Cent pro Kilowattstunde resultieren. Dazu muss man noch die Betriebskosten rechnen: Hier nehme ich die für Schweizer Verhältnisse gültigen etwa 5 Rappen pro Kilowattstunde. Insgesamt kommen wir so auf einen Kilowattstunden-Preis von 6,5 Rappen. Die Rechnung zeigt, dass bei der Kernenergie die – hier hohen – Erstellungskosten auf den Gesamtpreis wenig Einfluss haben.

Auch mit teuren Batterien gibt es Winterstromlücken

Schauen wir nun, wie sich der Strompreis bei einer relativ neuen Schweizer Solaranlage zusammensetzt. Es handelt sich um eine 20 Kilowatt Anlage, die 40'000 Franken gekostet hat und die pro Jahr gegen 20'000 kWh erzeugt – im Schweizer Vergleich ist das eine sehr effiziente Anlage. Wenn wir von einer Betriebsdauer von 30 Jahren ausgehen, ergeben sich daraus Kilowattstunden-Kosten von durchschnittlich 6,6 Rappen, also gleich viel wie bei Olkiluoto 3.

Der Besitzer dieser Anlage hat aber zusätzlich noch für 40'000 Franken Speicher-Batterien installiert. Damit steigen die Kosten pro Kilowattstunde auf 13 Rappen. Allerdings hat das aber im Winter nicht ausgereicht: Während acht aufeinanderfolgenden Tagen wurde keine einzige Kilowattstunde produziert. Für eine autonome Stromversorgung müsste also noch weiter investiert werden.

PV-Strom ist mehr als doppelt so teuer

Selbst wenn wir also ein teures KKW mit einer günstigen, weil effizienten Solaranlage vergleichen, zeigt sich nach überschlagsmässiger Kalkulation (ohne Diskontierung), dass der Solarstrom aus Dachanlagen bei Berücksichtigung aller Faktoren mehr als doppelt so teuer ist. Dieser Befund wird bestätigt durch Vollkosten-Berechnungen auf der Webseite «Tech for Future» für verschiedene Stromerzeuger in Deutschland. [16]

Pro Kilowattstunde entstehen dort bei einem neuen Atomkraftwerk Gesamtkosten von 4,0 Cent, bei einem Solarpark von 8,2 Cent und bei Dachsolar von 12,3 Cent – hier bei mitgerechneten Speicherkosten. Und spannend: Für die Laufzeitverlängerung der bestehenden KKW müssten nur 2,7 Cent pro kWh investiert werden: Das ist also die billigste Form neuen Strom zu produzieren.

16 Tech for Future, https://www.tech-for-future.de/kosten-kwh/

Zwei weitere Punkte kratzen weiter am Märchen vom billigen Solarstrom. Weil grüner Strom mit seinem unberechenbaren Input, der oft nicht bedarfsgerecht anfällt, bei den Börsenpreisen grosse Schwankungen verursacht, die zeitweise sogar zu Negativpreisen führen, ist die Rentabilität im Stromgeschäft stark erodiert. Der Markt ist durch Wind und Sonne derart durcheinandergeraten, dass Investitionen in neue Grossanlagen nur noch mit ausreichend Subventionen oder Abnahmegarantien möglich sind.

Strompreis für Haushalte in Deutschland am höchsten

Und schliesslich kann man auch an den Haushaltspreisen für Elektrizität ablesen, ob die neuen Erneuerbaren wirklich so billig sind, wie ihre Befürworter meinen. An der Spitze der Strompreistabelle für Europa stehen 2020 Deutschland und Dänemark, beide auch Spitzenreiter beim Anteil der Stromerzeugung aus Wind und Solar pro Kopf. Und Frankreich, das seinen Strom zu 70 Prozent aus KKW bezieht, liegt mit 17,65 Cent pro Kilowattstunde fast halb so hoch wie Deutschland mit 30,88 Cent.

Auch bei der finanziellen Belastung der privaten Konsumenten zeigt sich, dass ein starker Ausbau der neuen Erneuerbaren mit erheblichen zusätzlichen Kosten verbunden ist. Lassen Sie sich durch Preissenkungen in Teilaspekten nicht täuschen: Solarstrom ist im Durchschnitt in der Gesamtabrechnung teurer als Atomstrom.

8 Kosten Teil 2

Fazit: Solarstrom ist teurer als Atomstrom

Atomstrom könne punkto Kosten überhaupt nicht mit Solarstrom mithalten: Diese Behauptung hört man in Diskussionen um das künftige Energiesystem immer wieder. Dabei wird oft eine Studie der amerikanischen Bank Lazard angeführt. Es handelt sich um eine fragwürdige Datenquelle.

Am 5. Februar hat Christoph Brand, Chef des grössten Schweizer Stromkonzerns Axpo, in einem Interview in der NZZ gesagt, Solar-Grossanlagen wären deutlich kostengünstiger als Kernkraftwerke. Dabei hat er sich auf Schätzungen der amerikanischen Investmentbank Lazard berufen, nach denen solche Anlagen vier bis fünf Mal billiger sind als neue Kernkraftwerke.

In Kapitel 7, Kosten Teil 1 «Atomstrom ist billiger als Solarstrom» habe ich mich auf Zahlen einer Studie des Paul Scherrer Instituts (PSI) abgestützt, die zeigen, dass Atomstrom am billigsten ist. Wie ist es möglich, dass die Kosten so widersprüchlich eingeschätzt werden?

Bezüglich Versorgungssicherheit sind Atom- und Solarstrom nicht vergleichbar

Man muss sich bewusst sein, dass Atom- und Solarstrom zwei «verschiedene Paar Schuhe» sind, wenn es um die Verlässlichkeit des Inputs ins Stromsystem geht. Dies gilt ganz besonders für die Schweiz: Im Verbund mit der volatilen Wasserkraft stellt der ununterbrochen zuverlässig verfügbare Bandstrom aus Kernkraftwerken das Rückgrat unserer Elektrizitätsversorgung dar, insbesondere im Winter. Im Gegensatz dazu wird durch einen forcierten Ausbau der Fotovoltaik (PV) das saisonale Versorgungsproblem der Wasserkraft negativ verstärkt: Die Winterstromlücke öffnet sich immer mehr.

Bei den folgenden Ausführungen müssen wir also im Hinterkopf behalten, dass beim PV-Strom immer zusätzliche Kosten für die Tag/Nacht- und vor allem für die saisonale Speicherung notwendig sind.

Eine wissenschaftliche und eine Bank-Studie

Um was geht es in den beiden hier zu vergleichenden Studien? Die PSI-Studie «Potenziale, Kosten und Umweltauswirkungen von Stromproduktionsanlagen», Bauer und Hirschberg et al., 2017, bringt auf 783 Seiten eine umfassende wissenschaftliche Analyse aller zur Verfügung stehenden Technologien unter den im Titel angesprochenen Aspekten.[17] Dabei geht es explizit um die Verhältnisse in der Schweiz, und zwar bezogen auf heute sowie auf 2035 und 2050. Die Lazard-Studie dagegen, die 2021 erschienen ist, ist eine reine Kostenstudie.[18] Sie zeigt auf ihren 21 Seiten vor allem Grafiken, in denen die Stromgestehungskosten der Neuen Erneuerbaren mit denen aus traditionellen Energien verglichen werden. Der Geltungsbereich ist global.

Wie aber berechnet man solche Kosten überhaupt? Am differenziertesten wird man anhand der PSI-Studie in das Thema eingeführt. Schauen wir zu diesem Zweck zuerst eine sogenannte Sensitivitätsanalyse für die Gestehungskosten der PV-Stromerzeugung an. Bei dieser Analysemethode werden alle wichtigen Komponenten, die einen Einfluss auf den Gestehungspreis haben, aufgelistet, und die Preisauswirkungen bei wechselnden Grundannahmen berechnet. Die folgende Grafik stammt aus der teilweisen Aufdatierung des Hauptberichts, die 2019 gemacht wurde.

Betrachtet wird hier eine 10 kWp-Anlage von 2018, also eine kleinere private PV-Dachanlage. Im oberen Teil der Grafik sind die sieben relevanten Parameter, die den Preis beeinflussen, mit ihren jeweiligen Basiswerten aufgeführt. Für jeden dieser Parameter gibt es eine entsprechend gefärbte Kurve. Die Basiswerte sind dabei als 100 % auf der x-Achse unten eingetragen. Dieser Schnittpunkt aller Kurven ergibt auf der y-Kostenachse das Resultat von 23 Rappen pro Kilowattstunde (kWh): So viel kostet also durchschnittlich der Strom aus dieser Anlage. Das Spannende ist nun, dass man in dieser Grafik bei jedem Parameter direkt ablesen kann, was veränderte Annahmen bewirken.

17 «Potenziale, Kosten und Umweltauswirkungen von Stromproduktionsanlagen», siehe Fussnote 14

18 Lazard-Studie, https://www.lazard.com/perspective/levelized-cost-of-energy-levelized-cost-of-storage-and-levelized-cost-of-hydrogen/

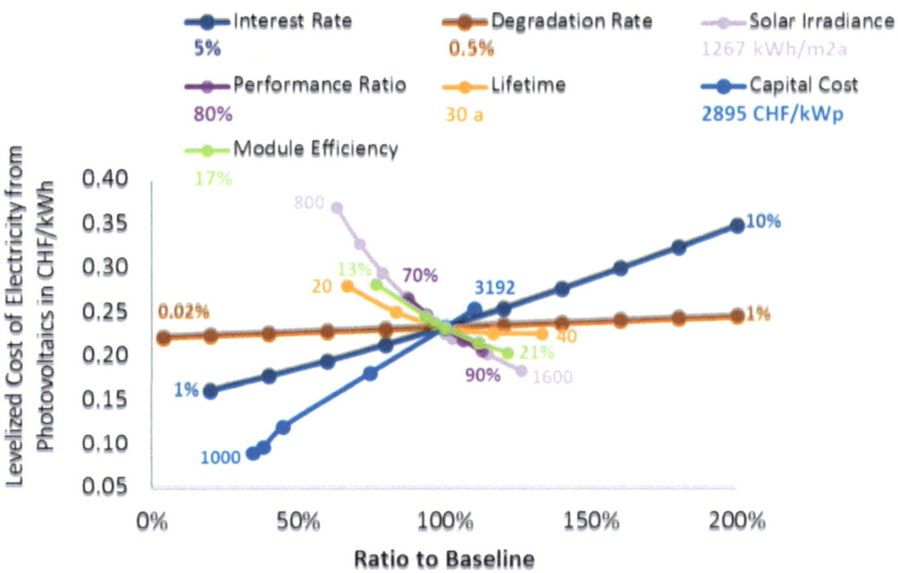

Figure 10.5: Sensitivity analysis for LCOE of a 10 kW_p BAPV system in 2018.

Die örtliche Sonneneinstrahlung hat den grössten Einfluss auf den Preis

Spielen wir das an dem Parameter durch, der den stärksten Einfluss hat: Die Sonneneinstrahlung (Solar Irradiance, hell-violett), die von einem Durchschnittswert von 1267 Kilowattstunden pro Quadratmeter und Jahr ausgeht. Würde die Anlage an einem Ort gebaut, der nur 800 kWh Einstrahlung hätte – das sind 63 Prozent auf der x-Achse – würden die Kosten auf 38 Rappen steigen. Und umgekehrt, wenn sie an einem Ort installiert würde, der sogar 1600 kWh bringt (126 Prozent), würde der Preis auf 18 Rappen sinken.

Neben der Sonneneinstrahlung sind für die Preisbildung vor allem noch die Verzinsung (Interest Rate, dunkelblau) und die Anschaffungskosten (Capital Cost, hellblau) von grösserer Bedeutung. Die übrigen Faktoren spielen nur noch eine untergeordnete Rolle. Insgesamt kann man aus einem solchen Sensitivitätsdiagramm also sehr gut ablesen, wie sehr der Preis bei unterschiedlichen Annahmen in unterschiedlicher Weise reagiert.

Schauen wir jetzt zum Vergleich, wie das bei der Kernenergie aussieht. Die folgende Grafik stammt aus dem PSI-Hauptbericht von 2017 und zeigt die Sensitivitätskurven für einen EPR-Reaktor der Generation III, der neu gebaut würde.

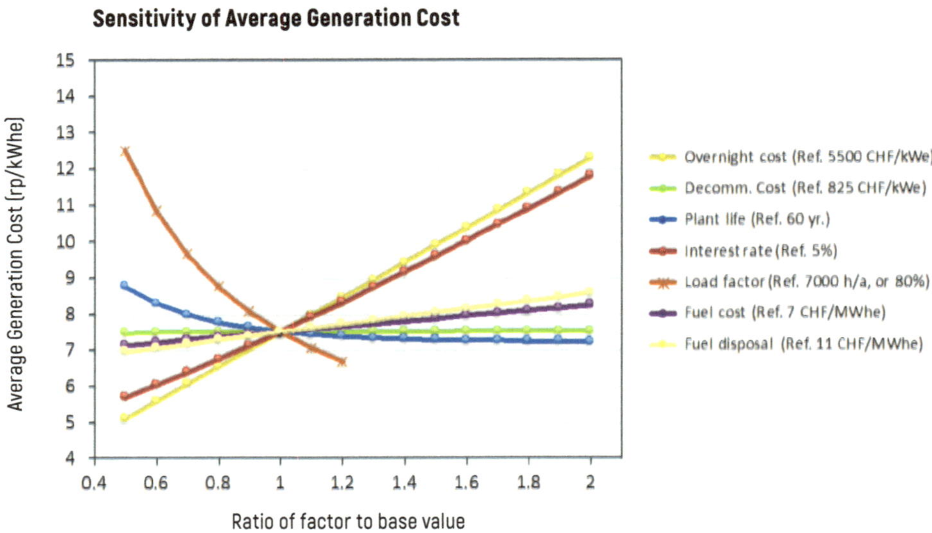

Figure 14.16: Cost Sensitivity Diagram (PSI).

Bei den Kernkraftwerken sind vor allem die Baukosten bestimmend

Auch hier gibt es sieben Einflussparameter, deren Basiswerte in Klammern angegeben sind. Anstelle von 100 Prozent sind diese Basiswerte jetzt auf der x-Achse mit 1 indexiert (der Schnittpunkt der Kurven). Bei diesen Werten entstehen Durchschnitts-Kosten von 7,5 Rappen pro Kilowattstunde. Als dominierende Einflussgrösse entpuppen sich hier die Baukosten (Overnight cost, dunkelgelb): Bei einer Verdoppelung dieser Kosten würde der Preis um zwei Drittel steigen. Auch sehr bestimmend sind zudem die Parameter Verzinsung (Interest rate, rot) und Leistungsfaktor (Load factor, braun).

Bemerkenswert ist, dass hier die Abfallentsorgung (Fuel disposal, hellgelb) preisbestimmend einbezogen ist – sogar gewichtiger als die Brennstoffkosten. Dies im Gegensatz zur vorher besprochenen Solaranlage: Die Kosten der Entsorgung der abgebauten PV-Module, mit ihren teilweise hochgiftigen Stoffen für Sondermüllanlagen, ist in den Solar-Gestehungskosten nicht enthalten.

Nach dieser PSI-Studie liegen die Stromgestehungskosten für eine kleinere PV-Anlage also etwa dreimal höher als für ein neu gebautes Kernkraftwerk der 3. Generation. Bei grösseren Solaranlagen sinkt dieser Faktor entsprechend. Wie kommen nun die Resultate der Lazard-Studie zustande, die dem widersprechen?

In der Lazard-Studie fehlen Basiswerte für KKW, oder sie sind unrealistisch

Die Analyse zeigt, dass der Vergleich grundsätzlich schwierig ist, weil in der Lazard-Studie wichtige Grundannahmen nicht spezifiziert sind. So ist etwa bei der Kernenergie nicht klar, von welchem Typ und welcher Generation sie ausgeht. Auch die angenommene Abdiskontierung von 8 Prozent ist sehr hoch, wodurch eine kapital-intensive Technologie wie die Atomenergie benachteiligt wird. Und schliesslich wird für Kernkraftwerke eine Lebensdauer von 40 Jahren angenommen, was unrealistisch kurz ist, und die Kosten weiter in die Höhe treibt. In der Zwischenzeit sind die Kernkraftwerke in den USA für 60, teilweise sogar schon für 80 Jahre lizenziert.

Solarstrom aus Kalifornien ist nicht vergleichbar mit Solarstrom aus Zürich

Obwohl Lazard behauptet, seine Angaben seien global gültig, sind die angenommenen Kapazitätsfaktoren für Solaranlagen aber offensichtlich von amerikanischen Verhältnissen geprägt: Nimmt man aber die viel höhere Sonneneinstrahlung von Florida oder Texas als Basiswert, gelangt man zu tieferen Solarkosten, als wenn man das Schweizer Mittelland als Referenz verwendet. Das ist der erste Grund, warum Lazard die Kosten für Solarstrom tiefer schätzt als das PSI, das mit Schweizer Verhältnissen rechnet. Und der zweite ist, dass die Montagekosten der Panels bei uns deutlich höher liegen als in den USA.

Insgesamt geht die Lazard-Studie von Annahmen aus, die tendenziell den Atomstrom verteuern und den Solarstrom verbilligen. Dies hat wahrscheinlich damit zu tun, dass viele Annahmen auf amerikanische Verhältnisse zugeschnitten sind, obwohl dies nicht klar deklariert wird.

Axpo-CEO Brand nimmt Solar-Grossanlagen als Referenz

Der wichtigste – und bisher noch nicht erwähnte – Grund für den grossen Widerspruch zwischen der Aussage von Axpo-Chef Brand und den PSI-Zahlen liegt aber darin, dass Brand nur die Werte von Solar-Grossanlagen nimmt. Selbstverständlich produzieren diese billiger als Kleinanlagen. Dies zeigt die Lazard-Studie selbst: Neben den von Brand erwähnten Kosten pro Kilowattstunde für eine Grossanlage von 3 bis 4,1 US-Cent wird dort für eine sehr kleine Dachanlage 14,7 bis 22,1 Cent angegeben. Damit sind wir aber nahe bei den 23 Rappen der PSI-Studie.

Solar-Grossanlagen sind für die Schweiz aber nicht repräsentativ. Der hiesige Solarzubau 2020 bestand zu gut drei Vierteln aus Kleinanlagen von 4 bis 20 kWp.

Und sicher beruht die grosse Akzeptanz für einen Solarausbau in der Schweiz auf der Annahme, dass PV-Module auf vorhandene Dachflächen und Fassaden gebaut und nicht, dass Grossanlagen auf unberührten Freiflächen erstellt werden.

Solarstrom kostet 10 bis 26 Rappen, Atomstrom 5 bis 12 Rappen

Wenn man bei den Solaranlagen die ganze Bandbreite von Klein- bis Grossanlagen und die spezifischen Schweizer Verhältnisse berücksichtigt, und wenn man bei den Kernkraftwerken von einer realistischen Abdiskontierung und Lebensdauer ausgeht, liegt man bei den Gestehungskosten pro Kilowattstunde für Kernenergie bei 5 bis 12 Rappen und für Fotovoltaik bei 10 bis 26 Rappen. Und somit bleibt es dabei: Solarstrom ist teurer als Atomstrom.

Und sicher haben Sie auch im Hinterkopf behalten, dass das «zweite Paar Schuhe», also der PV-Strom, neben den hier ausgewiesenen noch zusätzliche Kosten verursacht: für die kurzzeitige Tag/Nacht-Speicherung mit Batterien, für die langzeitige Sommer/Winter-Speicherung mit Wasserstoff, für all die notwendigen Netzanpassungen für ein dezentralisiertes Stromsystem und für die Entsorgung der teilweise hochgiftigen Abfälle der ausgemusterten Module.

Exkurs 4

Markus Saurer

Ineffiziente Materialschlacht und Nichtnachhaltigkeit

Ökonomische Analyse- und Interpretationsansätze zur Solar- und Windenergie

Die Sonne geht auf und unter, Wind frischt auf, flaut ab. Niemand stellt dafür Rechnung, wird ständig gesagt. Soweit sich die Nutzer nicht gegenseitig Schatten oder Windschatten machen, haben wir es bei Sonne und Wind in der Tat mit freien Ressourcen zu tun; mit Kollektivgütern, die im Konsum «nicht rivalisierend» sind. Zwar gibt es alternative Nutzungen (Opportunitäten), doch muss niemand wegen anderen Nutzern auf Sonnenbaden, Wäschetrocknen, Segeln, Gleitschirmfliegen und dergleichen verzichten. Dies gilt scheinbar auch für die Umwandlung von Solar- und Windenergie in nutzbare Energieformen. Ein verminderter Nutzen aufgrund eines Zwangsverzichts würde volkswirtschaftliche Opportunitätskosten repräsentieren, auch ohne Rechnungen (externe Kosten). Solche Opportunitätskosten von Sonnenschein und Wind gibt es aber soweit ersichtlich nicht. Diese Energieträger sind in der Tat erneuerbar und stehen gratis zur Verfügung. Allerdings benötigt man zum «Einsammeln» von Sonnen- und Windenergie, für deren Umwandlung in nutzbare Energieformen sowie für Transport, Regelung und Speicherung grosse Flächen zu Land oder Wasser sowie ausgeklügelte technische Anlagen. Bau, Unterhalt, Betrieb und Entsorgung dieser Anlagen erfordern neben Boden und Landschaft (Landschaftsbeeinträchtigung) den Einsatz vieler weiterer Ressourcen (Produktionsfaktoren). Und diese sind in aller Regel weder frei verfügbar noch erneuerbar, sondern knapp und endlich. Und soweit sie in der Solar- und Windenergieproduktion eingesetzt sind, können sie nicht mehr alternativen Verwendungen zugeführt werden. Also ist diese Produktion genauso mit volkswirtschaftlichen Opportunitätskosten (Verzicht) verbunden, und ebenso wenig erneuerbar oder nachhaltig wie alle anderen Verfahren zur Produktion von nutzbarer Energie – ob hydrologisch, fossil oder nuklear. Den «grünen Solar- und Windstrom» gibt es nicht, er entspricht einem unsäglichen Etikettenschwindel. Dasselbe liesse sich von biologischen und geologischen Verfahren zur Nutz-Energiegewinnung sagen, die wir hier aber nicht weiter beachten wollen.

Aus einem «Nebelspalter»-Beitrag von Redaktor Alex Reichmuth geht hervor, dass Deutschland im vergangenen Jahr bereits mit 50 Tausend Tonnen Material von ausgedienten Windrad-Rotorblättern konfrontiert war und dieser Abfallberg in den nächsten 20 Jahren auf jährlich wiederkehrende 650 Tausend Tonnen anwachsen soll. Man kann sich leicht vorstellen, welche enormen Mengen an Metallen, seltenen Erden, Energie und Arbeit allein in diesen Rotoren stecken und anderen Verwendungen vorenthalten geblieben sind. Ein Recycling soll noch kaum möglich sein, sodass ein grosser Teil dieser gemischt kunstfaserig-metallischen und nicht biologisch abbaubaren Rotorblätter einfach einmal eingegraben wird. Aus den Augen, aus dem Sinn? Dieser kaum mehr reversiblen Umweltschädigung sollte sofort Einhalt geboten werden, was aber einen massiven zusätzlichen Einsatz an knappen Ressourcen zur Folge haben wird.

Auch Martin Schlumpf zeigt in seinen diversen Beiträgen im «Nebelspalter» und in der vorliegenden Publikation, wie sehr sich Photovoltaik und Windenergie bezogen auf ihre bescheidenen nutzbaren Leistungen und Energiemengen geradezu als «Materialschlachten» erweisen – besonders im Vergleich zu den nuklearen Energietechnologien. Er geht auch ein auf die Abfallproblematik, von der sonst nur im nuklearen Fall ausreichend die Rede ist. Die Lebensdauer von Solar- und Windkraftanlagen beträgt nur 20 bis 25 Jahre. Erbringt man einen erheblichen Teil der Energieversorgung mit Solardächern sowie Solar- und Windparks, dann erfordert der ständige Ersatz der jeweils ältesten Anlagen (Rückbau, Entsorgung und Neubau) einen grossen stetigen Verzehr an endlichen Ressourcen, dass sich die Frage aufdrängt, wie lange die Erde diesen noch alimentieren kann. Bei den angeblich erneuerbaren Energien stellen sich offenbar dieselben Fragen, wie sie der Club of Rome vor Jahren für die fossilen Energien gestellt hat. Statt der Frage, wann uns Kohle, Öl und Gas ausgehen werden, müssen wir nunmehr fragen, wann uns die spezifischen Ressourcen zur Nutzbarmachung von Sonnen- und Windenergie ausgehen werden.

Diese spezifischen Ressourcen werden jedoch – dies sei nur nebenbei erwähnt – so wenig zur Neige gehen, wie dies bis heute auch für die fossilen Energieträger der Fall war. Zunehmende Knappheit wird freilich ihre Opportunitätskosten und damit auch ihre Marktpreise explodieren lassen, dass wir uns ihren Einsatz zur

Energieproduktion nicht mehr leisten können werden. Dieser Knappheitsfalle mit prohibitiven Opportunitätskosten wird mit künstlichen Fördermassnahmen nicht auf Dauer zu entkommen sein. Ganz im Gegenteil werden etwa Lenkungsabgaben oder Subventionen diese Falle nur schneller zuschnappen lassen als es ohne sie der Fall wäre. Eine ausreichende Energieversorgung mit Löwenanteilen an Solar- und Windenergie, wie sie sich viele heute noch vorstellen, ist in der Schweiz nicht dauerhaft tragbar, egal auf welche Gruppe der Gesellschaft die Politik die Lasten abzuwälzen versuchen wird.

Der britische Ökonom Sir Thomas Malthus hat 1798 in seinem «Essay on the Principle of Population» vorausgesagt, dass die Menschheit unweigerlich der Verelendung zustrebe, weil die Bevölkerung in geometrischer, die Nahrungsmittelproduktion hingegen nur in arithmetischer Progression zunehme. Bisher ist diese düstere Prognose nicht eingetroffen, weil der technische Fortschritt die Bedarfsgüterproduktion sogar stärker ansteigen liess als die Bevölkerung zugenommen hat. Und der damit zunehmende Wohlstand hat das Bevölkerungswachstum verlangsamt. Leider gibt es aber auch Länder, vor allem in Afrika, deren Entwicklung sehr wohl malthusianische Züge trägt. Dafür gibt es verschiedene Gründe, einer der wichtigsten davon ist aber immer die mangelhafte Verfügbarkeit von Energie.

Tatsächlich war Energie schon immer ein entscheidender Faktor dafür, dass die Bedarfsgüterproduktion in den meisten Ländern über lange Zeit die Bevölkerungsentwicklung übertraf. Von menschlicher Muskelkraft über den Einsatz von Tieren, Wind, Sonne, Feuer und Elektrizität – hydrologisch, fossil, nuklear – ist die Produktion der Nutzenergie immer effizienter geworden. Von Holz zu Kohle, Öl und Gas bis hin zur Kernspaltung vervielfachten sich die Energiedichten und Erntefaktoren. Die Folge davon waren stark abnehmende Opportunitätskosten von Energie. Für immer mehr Nutzenergie mussten immer weniger alternative Verwendungen von Rohstoffen und anderen Produktionsfaktoren aufgegeben werden. Die «Materialschlacht» im Energiesektor wurde eingedämmt, nicht ausgedehnt. Und durch den steigenden Einsatz der auch pekuniär immer günstiger gewordenen Energie sind auch die Bedarfsgüterproduktion, administrative Prozesse und natürlich auch der Konsum immer ressourceneffizienter geworden – durch Mechanisierung, Motorisierung, Automatisierung, Digitalisierung.

Diese Zusammenhänge sind von so vitaler Bedeutung, dass ich sie in etwas anderen Worten wiederholen möchte: Dank des Einsatzes energetisch immer dichterer Energieträger verringerte sich der spezifische Ressourcenverzehr in der Nutzenergieproduktion. Und mit dem dadurch vermehrten Energieeinsatz in Wirtschaft und Gesellschaft konnte auch der spezifische Ressourcenverzehr in der Bedarfsgüterproduktion, in der Administration und im Konsum gesenkt werden. Dies umschreibt den entscheidenden Beitrag der Energie, um die wachsende Weltbevölkerung vor malthusianischer Verelendung zu bewahren.

Im Lichte dieser technisch-ökonomischen Zusammenhänge kann man sich kaum eine unsinnigere Aussage vorstellen als die ständig hörbare Behauptung, die beste und günstigste Kilowattstunde sei die eingesparte Kilowattstunde. Nur wenn bei mindestens gleichbleibendem Produktions- und Konsumniveau (Wohlstandsniveau) durch technologische Verbesserungen oder die Beseitigung von Verschwendung Energie eingespart wird, ist die eingesparte Kilowattstunde effektiv eine gute Kilowattstunde. Demgegenüber führt jede Reduktion des Einsatzes zuvor effizient genutzter Energie zwangsläufig zu einer Schrumpfung des volkswirtschaftlichen Potenzials. Die oben erwähnten Zusammenhänge wirken dann in die Gegenrichtung: Mit einem verminderten Energieeinsatz in Wirtschaft und Gesellschaft würde der spezifische Ressourcenverzehr in der Bedarfsgüterproduktion, in der Administration und im Konsum zunehmen – unweigerlich verbunden mit steigenden volkswirtschaftliche Opportunitätskosten und sinkendem Wohlstandsniveau. Die Schweiz, deren Wohlstand auf einer international hoch kompetitiven Bedarfsgüterproduktion beruht, kann sich einen reduzierten Energieeinsatz (die Rede ist oft schönfärberisch von «Suffizienz») schlicht nicht leisten.

Sie muss vielmehr ständig über ausreichend Energie zu international kompetitiven Preisen und Konditionen verfügen und diese möglichst effizient nutzen, um ihr Wohlstandsniveau auch nur halten zu können. Das ist aber auf Dauer nur möglich, wenn die energetischen Opportunitätskosten des Landes minimal gehalten werden. Und genau dies kann mit einer Energiepolitik des Ersatzes der dichten fossilen und der noch weit dichteren nuklearen Energieproduktion durch Solar- und Windenergie mit um Faktoren niedrigerer Dichte auf gar keinen Fall erreicht werden. Dabei spielt es auch keine Rolle, ob die Schweiz für eine solche Substitution überhaupt ein ausreichendes natürliches Potenzial hätte oder nicht (sie hat es nicht, wie aus den Schlumpf'schen Daten gefolgert werden muss). Denn, umgekehrt wie der Übergang zu einem immer dichteren Energietechnologie-Mix die energetischen volkswirtschaftlichen Opportunitätskosten sinken liess, würde sie die Rückkehr zu einem weniger dichten Energietechnologie-Mix ansteigen lassen. Für den heutigen Energiebedarf und erst recht noch für den weiter steigenden künftigen Bedarf müsste auf immer mehr andere Verwendungen knapper Produktionsfaktoren verzichtet werden.

Auch die klimapolitisch erforderliche Dekarbonisierung der Schweizer Wirtschaft und Gesellschaft – sprich: die umfassende Elektrifizierung von Produktion,

Administration und Konsum – kann mit einer abnehmenden Dichte im Energieproduktionsmix nicht erreicht werden. Aufgrund der damit verbundenen steigenden energetischen Opportunitätskosten müsste die Übung auf halbem Weg oder schon vorher abgebrochen werden – verbunden mit einem enormen Mass an fehlgeleiteten Investitionen. Da an der ausreichenden Verfügbarkeit von Importstrom in den nächsten Jahren oder Dekaden gezweifelt werden muss, kann die Dekarbonisierung bei gleichzeitig international kompetitiver Energieversorgung der Schweiz nur durch höhere Dichte im Energieproduktionsmix des Landes erreicht werden.

Aus den Schlumpf'schen Beiträgen und den vorstehenden ökonomischen Überlegungen muss der Schluss gezogen werden, dass die nach der Havarie von Fukushima unreflektiert aufgegebene Energiestrategie des Ersatzes der bestehenden Kernkraftwerke durch Werke neuerer Generationen unverzüglich wieder in Kraft gesetzt werden muss. Die Fukushima-Hysterie-Energiestrategie 2050 wird scheitern. Ob die Solar- oder die Windenergie unter den Witterungsverhältnissen in unserem Land künftig überhaupt eine ökonomisch und ökologisch bedeutsame Rolle in der Energieversorgung spielen können, ist zu bezweifeln, aber jedenfalls sorgfältig zu prüfen, bevor weitere Fördermassnahmen getroffen werden. Die noch laufenden Kernkraftwerke können nur durch mindestens ebenso ressourcensparende neue nukleare Werke ersetzt werden.

Nachtrag zu den Kosten

Eventuell sind Leserinnen und Leser erstaunt, dass hier dauernd von Kosten oder volkswirtschaftlich relevanten Opportunitätskosten, jedoch kaum von Kosten in Franken die Rede ist. Natürlich spielen diese pekuniären Kosten auch eine Rolle. Wenn Rohstoffe oder andere Produktionsfaktoren knapp und knapper werden, dann steigen «einfach» ihre Weltmarktpreise, wie wir schon vor dem Krieg in der Ukraine und jetzt durch diesen verstärkt zur Kenntnis nehmen mussten. Können wir dann nicht ebenso «einfach» die höheren Preise zahlen – etwa finanziert durch Staatsschulden oder durch Neugeldschaffung der Nationalbank? An solche Massnahmen, selbst mit nie dagewesenen Beträgen, hat man sich ja im Gefolge der Weltfinanz- und Weltwirtschaftskrise ab 2008 und jetzt erneut in der Bewältigung der Coronakrise schon fast gewöhnt. Kann man die Klimakrise denn nicht in vergleichbarer Weise lösen? Entsprechende Vorschläge für schulden- oder nationalbankfinanzierte Klimafonds, aus denen massive Investitionen in neue erneuerbare Energien und in die Dekarbonisierung getätigt werden sollen, werden von etatistischen Kreisen immer wieder gemacht.

Davon ist aber nichts zu halten. In der Finanz- und Wirtschaftskrise wie auch in der Coronakrise ging es darum, das Wirtschaftssystem vor einem Kollaps durch Ausfälle in Produktion und Konsum zu bewahren. Eine Ankurbelung durch schuldenfinanzierte Staatsausgaben und expansive Geldpolitik kann unter diesen Umständen nötig sein. Sie verdrängt zunächst kaum Produktion oder Konsum (die sollen ja angekurbelt werden), sondern führt erst mit gewisser Verzögerung zu volkswirtschaftlich relevanten Opportunitätskosten, nämlich dann, wenn durch Schuldenabbau und Inflation Verzicht zu üben sein wird. Beim Klima haben wir es hingegen nicht mit einer Krise zu tun, in der ein sofortiger Kollaps vermieden werden muss, sondern um ein langfristiges Problem, das zwar sofort angegangen werden sollte, dessen Lösung – die allumfassende Dekarbonisierung von Wirtschaft und Gesellschaft –, aber Jahrzehnte in Anspruch nehmen wird. Umso wichtiger ist es, dass zuallererst nach der effizientesten Lösung gesucht wird. Diese besteht mit Sicherheit nicht darin, jetzt mit Fördermitteln den Zubau von Solar- und Windenergie zu beschleunigen und damit die skizzierte «Materialschlacht» auszulösen.

Eine neue Krise droht uns ohnehin nicht an der Klimafront, sondern in Form von möglichen Engpässen in der Stromversorgung ab dem Jahr 2025 oder früher. Die enormen volkswirtschaftlichen Kosten eines Strommangels oder – im besseren Fall – die Kosten der Sofortmassnahmen dagegen, die jetzt gesucht und getroffen werden müssen, stellen grösstenteils Opportunitätskosten der seit Fukushima irregeleiteten Energiepolitik dar.

9 Abfälle

Die Lagerung radioaktiver Abfälle ist technisch gelöst

Hochradioaktive Abfälle sind gefährlich. Im Gegensatz zu problematischen Chemieabfällen, deren Giftigkeit über die Zeit bestehen bleibt, sinkt die Strahlung radioaktiver Abfälle aber rasch ab. Das dafür geplante Tiefenlager wird den gesetzlichen Grenzwert um ein Vielfaches unterbieten.

Alle Stromproduktionsanlagen erzeugen Abfälle. Um diese vergleichen zu können, sind zwei Kriterien ausschlaggebend: einerseits die Menge der Abfälle und andrerseits ihre Toxizität oder Giftigkeit. Radioaktive Abfälle entstehen bei der Stromproduktion in Kernkraftwerken und bei Anwendungen in Medizin, Industrie und Forschung. Dabei unterscheidet man zwischen hochaktivem Abfall aus Kernkraftwerken sowie schwach- und mittelaktivem Abfall aus allen Quellen.

Gesamter radioaktiver Abfall hat Platz in einem Teil der Zürcher Bahnhofshalle

Wie viel von diesem Abfall haben wir in der Schweiz? Nach Angaben der Nationalen Genossenschaft für die Lagerung radioaktiver Abfälle (Nagra) sind bis Mitte dieses Jahrhunderts rund 83'000 Kubikmeter endlagergerecht verpackte Abfälle zu erwarten. Darin eingeschlossen ist der gesamte Abfall aus 60 Jahren Betrieb und anschliessendem Abbruch der bestehenden Schweizer Kernkraftwerke, sowie aus allen Anwendungen in Medizin, Industrie und Forschung bis ins Jahr 2050. Notabene inklusive Lager- und Transportbehälter, deren Aufgabe die Abschirmung der Strahlung ist.

Würde man diesen gesamten radioaktiven Abfall der Schweiz in einen Würfel packen, hätte dieser eine Kantenlänge von gut 43 Metern. Das ist ein Gesamtvolumen, das den historischen Teil der Zürcher Bahnhofshalle zu etwa zwei Drit-

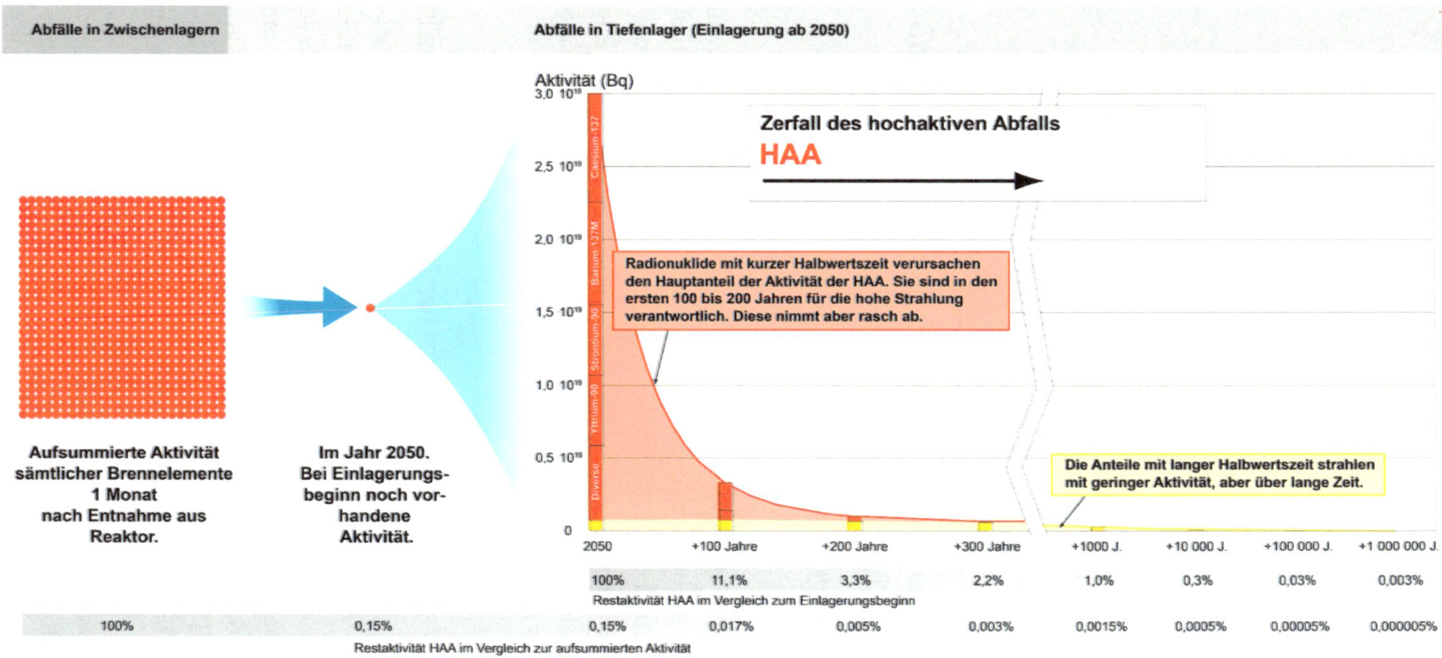

Abfälle in Zwischenlagern
Abfälle in Tiefenlager (Einlagerung ab 2050)
Aktivität (Bq)
3,0 10¹⁹
2,5 10¹⁹
2,0 10¹⁹
1,5 10¹⁹
1,0 10¹⁹
0,5 10¹⁹
0
Caesium-137
Barium-137M
Strontium-90
Yttrium-90
Diverse
Zerfall des hochaktiven Abfalls
HAA
Radionuklide mit kurzer Halbwertszeit verursachen den Hauptanteil der Aktivität der HAA. Sie sind in den ersten 100 bis 200 Jahren für die hohe Strahlung verantwortlich. Diese nimmt aber rasch ab.
Die Anteile mit langer Halbwertszeit strahlen mit geringer Aktivität, aber über lange Zeit.
Aufsummierte Aktivität sämtlicher Brennelemente 1 Monat nach Entnahme aus Reaktor.
Im Jahr 2050. Bei Einlagerungs-beginn noch vor-handene Aktivität.
2050
+100 Jahre
+200 Jahre
+300 Jahre
+1000 J.
+10 000 J.
+100 000 J.
+1 000 000 J.
100%
11,1%
3,3%
2,2%
1,0%
0,3%
0,03%
0,003%
Restaktivität HAA im Vergleich zum Einlagerungsbeginn
100%
0,15%
0,15%
0,017%
0,005%
0,003%
0,0015%
0,0005%
0,00005%
0,000005%
Restaktivität HAA im Vergleich zur aufsummierten Aktivität

teln füllen würde: eine unglaublich kleine Abfallmenge für eine Stromproduktion über Jahrzehnte, die mehr als ein Drittel unseres Bedarfs gedeckt hat und noch immer deckt. Interessantes Detail: Die kritischen hochaktiven Abfälle machen in diesem Gesamtvolumen nur gut 10 Prozent aus, sie sind aber für über 99 Prozent der Radioaktivität verantwortlich.

Schauen wir nun auf das zweite Kriterium, die Toxizität der Abfälle, was hier Strahlungsaktivität bedeutet. Die nebenstehende Nagra-Grafik zeigt anschaulich, wie die anfänglich hohe Aktivität der kritischen Abfälle über die Zeit abklingt.[19]

Von links nach rechts wird die aufsummierte Aktivität aller Brennelemente dargestellt, nachdem sie aus dem Reaktorkern entfernt wurden. In einer ersten Phase stehen diese Brennelemente zusammen mit allen verglasten Abfällen in dicht verschlossenen, bis zu 130 Tonnen schweren Stahlbehältern in der Lagerhalle des Zwischenlagers Würenlingen (Zwilag). Dies ist nötig, weil die Einlagerung in ein geologisches Tiefenlager erst erfolgen kann, wenn der grösste Teil der Wärme, den diese Behälter abstrahlen, zusammen mit der Aktivität abgeklungen ist. Die Abführung dieser Wärme erfolgt durch einen natürlichen Luftdurchzug, der durch Öffnungen in den Hallenwänden erzeugt wird.

Nach 200 Jahren sind noch 0,005 Prozent der Strahlung übrig

Nach ungefähr 40 Jahren ist dieser Prozess abgeschlossen. Aus den 100 Prozent Ausgangsaktivität sind dann noch 0,15 Prozent übrig (unterster Balken der Grafik), mit der die Endlagerung beginnt. Was dann in den ersten 300 Jahren in einem Tiefenlager geschieht, zeigt der mittlere Teil der Grafik. Wenn die Restaktivität bei Einlagerungsbeginn erneut als 100 Prozent gesetzt wird (zweitunterster Balken) sinkt die Strahlung gemäss den Halbwertszeiten der Radionuklide rasch ab: Schon nach 200 Jahren ist sie auf 3 Prozent abgesunken, das sind 0,005 Prozent des Anfangs. Danach bewegt sie sich kaum mehr, und trotzdem kann sie auch nie vollständig verschwinden: Nach einer Million Jahren (ganz rechts) sind immer noch 0,000005 Prozent übrig.

19 Nagra, https://nagra.ch/wissensforum/das-geologische-tiefenlager/

Grösstes Risiko heute in Würenlingen

Aus diesen physikalischen Gegebenheiten wird klar, dass die grösste Gefahr für uns Menschen am Anfang der Kette besteht. Also jetzt, und in Würenlingen, wo ich wohne. Denn, wie die Grafik zeigt, ist die Strahlung dann weitaus am stärksten und es gibt noch keine zusätzlichen geologischen Sicherheitsbarrieren, wie sie bei einem Endlager geplant sind – ganz im Gegenteil: Die Behälter stehen in einer «löchrigen» Halle.

Warum können dann meine Frau und ich und alle Forscher im Paul Scherrer Institut (PSI), das direkt neben dem Zwilag liegt, unbeschwert leben? Erstens schirmen die Lagerbehälter, in denen die hochaktiven Abfälle verpackt sind, die Strahlung nach aussen vollständig ab, und dies wird kontinuierlich überprüft. Und zweitens sind sie gegen alle denkbaren Schwerstunfälle wie Flugzeugabsturz, Erdbeben, Brand und weitere Einwirkungen ausgelegt, was in vielen weltweiten Praxisversuchen erfolgreich geprüft worden ist.

Aus dem Zwischenlager kommt keine Strahlenbelastung

Dem aktuellsten Bericht «Umweltradioaktivität und Strahlendosen in der Schweiz» von 2020 ist zu entnehmen, dass die Strahlung vom PSI/Zwilag für einen direkten Anwohner weniger als 0,007 Millisievert (mSv) pro Jahr beträgt, und dass praktisch alles davon aus dem Betrieb der Teilchenbeschleuniger im PSI kommt.[20] Die Belastung durch das Zwilag ist also vernachlässigbar – und deshalb nicht einmal als eigene Quelle aufgeführt. Die vom PSI verursachten 0,007 mSv pro Jahr und Person entsprechen einem Tausendstel der schweizerischen Jahresdurchschnittsdosis.

Grenzwert für Tiefenlager liegt 60-mal unter der natürlichen Strahlendosis

Wie aber sehen die Pläne der Nagra für das geplante Tiefenlager aus? Die Behälter, die heute im Zwilag stehen, werden dann 800 bis 900 Meter tief im Boden in eine äusserst geringdurchlässige Opalinustonschicht verbracht, über der weitere abschirmende Tonschichten liegen. Bei der Verschliessung des Lagers werden zusätzlich sämtliche Hohlräume speziell verfüllt. Dabei muss ein gesetzlich vorgegebenes Schutzkriterium eingehalten werden, bei dem es bei keiner zukünftigen Freisetzung von Radionukliden aus dem Tiefenlager zu keiner grösseren Individualdosis als

20 Umweltradioaktivität und Strahlendosen in der Schweiz, https://www.bag.admin.ch/bag/de/home/das-bag/publikationen/taetigkeitsberichte/jahresberichte-umweltradioaktiviaet.html

0,1 mSv pro Jahr kommen darf. Das ist ein Sechzigstel dessen, was ein Durchschnittsschweizer an Radioaktivität pro Jahr abbekommt.

Das Tiefenlager wird diesen Grenzwert um ein Vielfaches unterschreiten

Die Nagra hat alle vorgeschriebenen Sicherheitsanalysen durchgeführt, um die geforderte Langzeitsicherheit zu gewährleisten. Umfassende Modellrechnungen, die die Eigenschaften der technischen und geologischen Barrieren und deren Wechselspiel berücksichtigen, wurden ergänzt durch Szenarien, in denen die denkbar ungünstigsten Fälle eintreten. Der daraus errechnete Referenzfall (die plausibelste Möglichkeit) führt zu einer zusätzlichen Strahlenbelastung von 0,00005 mSv pro Jahr. Das ist 2'000-mal weniger, als im Rahmen des behördlichen Schutzkriteriums gefordert ist.

Aber auch in sehr extremen Szenarien würde keine Gefahr drohen. Bei einer angenommenen wasserführenden senkrechten Störungszone, die alle Lagerkammern durchschneidet, ergäbe sich eine Zusatzdosis pro Jahr von 0,0003 mSv, immer noch gut 300-mal unter dem Schutzkriterium. Und nochmals: Heute in Würenlingen, wo die Strahlenbelastung etwa 5'000-mal höher ist als nach 100 Jahren im Lager, können wir in der direkten Umgebung keinen zusätzlichen Einfluss feststellen.

Viel mehr Abfall aus Fotovoltaik

Und wie sieht es mit den Abfällen aus Solaranlagen aus? Da der Materialverbrauch bei der Solartechnologie viel grösser ist als beim Atomstrom, fallen auch viel mehr Abfälle an (siehe Kapitel 3). Zu diesen Mengen muss man aber noch die Abfälle aus den benötigten Batterien für die Kurzzeitspeicherung und aus den zusätzlichen Einrichtungen für eine saisonale Speicherung hinzurechnen. Keine Frage: Verglichen mit Atomstrom verursacht Solarstrom pro Energieeinheit ein Vielfaches an Abfallvolumen.

Giftige Industrieabfälle landen in deutscher Untertagedeponie

Alle giftigen Reststoffe aber, die nicht rezykliert oder weiter verwendet werden können, müssen exportiert werden, weil unsere Sondermülldeponien nicht mehr tragbar waren und geschlossen sind. Wir werden also den toxischen Solar-Sondermüll nach Deutschland schicken, wo er in der weltgrössten Untertagedeponie Herfa-

Neurode eingelagert wird, einem stillgelegten Salzbergwerk in Hessen, dessen Geologie Ähnlichkeiten mit den geplanten Nagra-Projekten aufweist. Wichtiger Unterschied: In Herfa-Neurode ersetzt eine trockene Salzschicht den Schweizer Opalinuston. All diese hochgiftigen chemischen Abfälle sind aber auch nach Tausenden von Jahren noch genauso gefährlich wie heute.

Angesichts dieser Tatsache und dem Befund, dass Kernkraftwerke nur sehr wenig, rasch abklingenden Abfall verursachen, ist es irritierend, dass immer wieder behauptet wird, Atomkraftwerke seien nicht tragbar, weil ihr Abfallproblem nicht gelöst sei. Das Gegenteil ist richtig: Bei keiner anderen Energieform hat man die Abfallproblematik so genau untersucht und technische Lösungen gefunden, die auch strengste Schutzkriterien erfüllen.

10 Zusammenfassung

«Atomkraft? Ja, bitte!»

Erinnern Sie sich an den Sticker «Atomkraft? Nein Danke»? Wenn man alle Kriterien berücksichtigt, ist es höchste Zeit, diesen bekannten Slogan gegen Atomkraft in sein Gegenteil zu kehren.

Gegen Ende von 2021 kam ein Paukenschlag aus der EU-Kommission: Sie empfiehlt Investitionen in neue Erdgas- und Kernenergie-Anlagen als nachhaltig, um in den nächsten dreissig Jahren das Ziel der Klimaneutralität zu erreichen. Offensichtlich sind die wissenschaftlichen Fakten so stark gewesen, dass sie gegen den vehementen politischen Widerstand aus Deutschland und dessen Verbündeten gegen die Kernkraft Bestand gehabt haben.

Dieser Entscheid beeinflusst auch die Situation in der Schweiz. Es dürfte auch hier jetzt nicht mehr genügen, mit ein paar Standardsätzen die Atomenergie zu verteufeln. Allerdings wird es immer schwierig sein, rational und sachgerecht über diese Technologie zu debattieren, weil sie für die meisten Menschen ein Buch mit sieben Siegeln ist – eine Situation, die bei vielen Angst hervorruft. Trotzdem: Man braucht nicht genau zu wissen, wie ein Kernkraftwerk funktioniert, um die Vor- und Nachteile der Atomtechnologie verstehen zu können.

In der Schweiz ist die Wasserkraft prägend

Auch das spezifische Merkmal, das unsere Elektrizitätsversorgung definiert, ist einfach zu verstehen: Schweizer Strom wird noch für lange Zeit zu mehr als der Hälfte in Wasserkraftwerken erzeugt. Das bedeutet, dass im Winter, wenn der Bedarf steigt, der Ertrag aus dieser Produktionsquelle kleiner ist als im Sommer. Und dieser Winterproblematik muss bei der Beurteilung aller ergänzenden Stromquellen Rechnung getragen werden.

In den früheren Kapiteln habe ich die wichtigsten Punkte besprochen, nach denen Atom und Solar gemessen werden sollten. Jetzt fasse ich diese Kriterien in einer Grafik zusammen und bewerte sie in einem Punktesystem von 1 bis 10. Dabei bedeutet 1 sehr schlecht und 10 sehr gut. Selbstverständlich ist eine solche Bewertung mit vielen Unsicherheiten behaftet. Ich glaube aber, dass der Gewinn daraus, nämlich eine Gesamtübersicht zu bekommen, die Schwierigkeiten wettmacht.

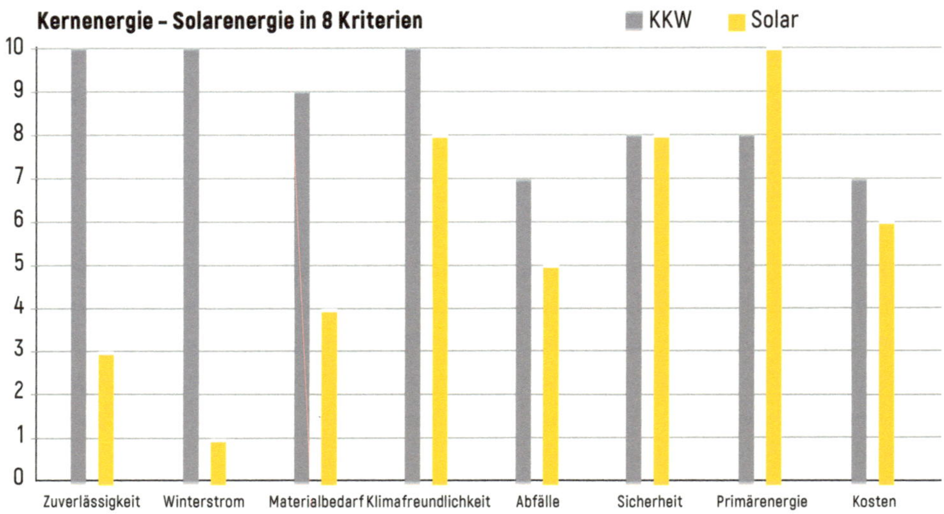

Ich gehe nun kurz auf jedes Kriterium einzeln ein, und erkläre meine Punktegebung.

1. Zuverlässigkeit

In jedem Markt, wo Kunden bedient werden, ist die Zuverlässigkeit der Produktlieferung ein zentrales Element. Im Strombereich aber ist sie matchentscheidend: Zu jeder Zeit müssen Angebot und Nachfrage übereinstimmen. Bei einer so kritischen Situation erstaunt die Sorglosigkeit, mit der ein Energieträger wie die Fotovoltaik, der systematisch ausfällt, behandelt wird. Nur weil seine Mittagsspitzen mit einem leichten Mehrbedarf schwach korrelieren, kommt er über eine 1 hinaus. Die Atom-Einspeisung dagegen erfüllt alle Ansprüche. Und im direkten Vergleich nach dem Kriterium der Arbeitsauslastung gewinnt Atom gegen Solar neun zu eins.

2. Winterstrom

Mit diesem Kriterium entscheidet sich die zentrale Frage der Versorgungssicherheit. Die Stromerzeugung aus Schweizer Speicherseen läuft gegen Ende Winter immer mehr aus. Wie rasch dies geschieht, hängt aber massgeblich davon ab, wie viel Bandenergie aus anderen Quellen in dieser Zeit produziert werden kann. Mit Atomstrom ist das perfekt möglich. Der saisonal bedingte Minderertrag aus Fotovoltaik jedoch verstärkt das Winterproblem der Wasserkraft auf die denkbar ungünstigste Art und Weise: Allein durch den Ersatz unserer Kernkraftwerke durch Fotovoltaik würde das Winterstromdefizit um das Dreifache anwachsen – ohne Elektrifizierung der Mobilität und der Heizungen.

3. Materialbedarf

Physikalisch gesehen hat Kernenergie eine sehr viel höhere Energiedichte als Solarenergie. Als direkte Folge davon haben Atomanlagen einen viel kleineren Materialbedarf pro produzierte Kilowattstunde als Fotovoltaik. Da mehr Material immer aber auch mehr Fläche erfordert, bedeutet eine Energiewende mit starkem Fotovoltaik-Ausbau Ressourcen- und Flächenverschleiss. Zudem wird für die Produktion von Solarpanels eine ganze Reihe kritischer Stoffe benötigt.

4. Klimafreundlichkeit

In der neuesten Studie der Vereinten Nationen, die mit Lebenszyklusanalysen der verschiedenen Energieträger arbeitet, schneidet die Fotovoltaik bei der Treibhausgas-Belastung im Jahr 2020 deutlich schlechter ab als die Kernenergie. Die Gesamtemissionen der verschiedenen Fotovoltaik-Modultypen schwanken zwischen 7,4 und 83 Gramm CO_2-Äquivalent pro Kilowattstunde, bei einer Nuklearanlage betragen sie durchschnittlich aber nur 5,1 bis 6,4 Gramm. Damit führt der Atomstrom diese Rangliste an – sogar noch vor der Wasserkraft. Überall, wo Atomkraftwerke abgestellt werden, verschlechtert sich also die Klimabilanz.

5. Abfälle

Kernkraftwerke produzieren hochradioaktive Abfälle, deren Strahlung gefährlich ist. Deshalb werden diese Abfälle in grossen dickwandigen Behältern gelagert – in der Schweiz, im Zwischenlager in Würenlingen. Weil dort beim regelmässigen Strahlenmonitoring aber noch nie eine relevante Zusatzdosis gemessen wurde, kann das Problem der Lagerung radioaktiver Abfälle als gelöst bezeichnet werden. Zudem ist die Abfallmenge aus Kernkraftwerken pro Stromeinheit viel kleiner als bei Solaranlagen, und ihre Aktivität, also ihre Toxizität, nimmt rasch ab.

Ganz im Gegensatz zu den giftigen Chemieabfällen aus Solarpanels, Batterien und weiteren Speichern, die bei der Solarstromerzeugung anfallen. Allein die toxischen Elemente in Bergbauabfällen in Kupferminen haben höhere tödliche Dosen pro Kilowattstunde als hochradioaktive Abfälle. Zudem werden diese giftigen Schlämme in offenen Lagerbecken gesammelt, wo es immer wieder zu schlimmen Unfällen kommt.

Mit dem «Sachplan geologische Tiefenlager» ist das Endlagerkonzept für radioaktive Abfälle in der Schweiz technisch ausgereift und bereit für die Realisierung. Was noch aussteht, ist der Standortentscheid. Für den gesamten Sondermüll aus Solaranlagen haben wir aber keine Lösung in der Schweiz: Wir exportieren alles nach Deutschland.

6. Sicherheit

Atomgegner rufen bei dieser Frage sofort: «Tschernobyl» und «Fukushima». Wer mit Tschernobyl kommt, tut aber so, als ob man die gravierenden Sicherheitslücken eines Trabi aus der Ex-DDR dazu verwenden könnte, Autos bei uns zu verbieten. Und auch bei Fukushima gibt es grundlegende Differenzen zu unseren Anlagen: Die betroffenen japanischen Reaktoren waren nicht mit genügend hohen Mauern gegen Tsunamis geschützt, es gab keine überflutungssicheren, gebunkerten Notstromdiesel, keine gefilterte Druckentlastung und keine Wasserstoffrekombinatoren, welche die Wasserstoffexplosion verhindert hätten. All das ist aber in unseren Reaktoren dank Nachrüstungen vorhanden: Fukushima kann bei uns nicht stattfinden.

Und selbst wenn doch ein solcher GAU eintritt, zeigt gerade Fukushima, dass die gesamte Lebensdosis an Strahlung sogar bei jemandem, der in der Kernzone des Unfalls weitergelebt hätte, nicht höher ist als bei vielen Einwohnern in den Schweizer Bergen. Wenn aber in Fukushima kein Mensch an den Folgen der radioaktiven Verstrahlung gestorben ist und auch die Langzeitfolgen im «normalen» Bereich liegen, gibt es keinen Grund, Kernkraftwerke gefährlicher als Solaranlagen einzustufen.

7. Primärenergie

Die Primärenergie zur Stromerzeugung mit Fotovoltaik, also die Sonnenenergie, ist unerschöpflich und kostet nichts: Solar erhält hier die Bestnote. Aber auch die Kernenergie liegt nicht schlecht. Erstens brauchen Kernkraftwerke gemessen am Stromertrag wenig Primärenergie. Zweitens reichen die bekannten Reserven und Ressourcen für mindestens 250 Jahre. Drittens wird eine zukünftige Generation von Reaktoren imstande sein, den schon bestehenden und neu anfallenden Abfall als Primärenergie wieder zu verwenden. Und viertens lässt sich angereichertes Uran für mehrere Jahre bei den Kraftwerken lagern.

8. Kosten

Ein Kostenvergleich zwischen Atom und Solar ist nur aussagekräftig, wenn bei Solaranlagen zusätzlich zu sämtlichen Erstellungs- und Betriebskosten auch noch die Kosten für die Tag/Nacht- und vor allem die Saisonspeicherung hinzugerechnet werden. Weil dies die Atomgegner normalerweise «vergessen», kommen sie zur falschen Behauptung, Atomstrom seit teurer als Solarstrom.

Schon der einfache in Kapitel 7 durchgeführte Kostenvergleich zwischen dem neu gebauten Kernkraftwerk Olkiluoto in Finnland und einer neuen Fotovoltaik-Dachanlage in der Schweiz zeigt aber, dass sogar bei einem KKW, das seine geplanten Kosten um ein Vielfaches überschritten hat, der Preis für eine Kilowattstunde nicht höher liegt, als bei einer effizienten Solaranlage.

Das bedeutet aber, dass bei einem nicht so parteiischen Vergleich das herauskommt, was auch die grösste Studie des Paul Scherrer Instituts gezeigt hat: Die durchschnittlichen Kosten für Solarstrom aus privaten Dachanlagen in der Schweiz liegen heute noch über denjenigen für Strom aus Kernkraftwerken. Bis 2050 könnte es möglich sein, dass Kostenparität erreicht wird. Aber wohlverstanden: immer noch unter Ausschluss der Speicherkosten – was nicht zulässig ist.

Kernkraftwerke erfüllen ihren Job im Stromsystem besser

Kommen wir zum Fazit: Punkto Zuverlässigkeit der Versorgung, der Wintertauglichkeit und dem Materialbedarf schneidet die Kernenergie viel besser ab. Auch bei der Klimafreundlichkeit, den Abfällen und den Kosten hat sie die Nase vorne. Bei der Sicherheit ist es unentschieden und nur bei der Primärenergie gewinnt die Solarenergie. Gesamthaft betrachtet erfüllen also Atomkraftwerke ihren Job im Stromsystem besser als Fotovoltaik-Anlagen.

«Atomkraft? Ja, bitte!» statt «Atomkraft? Nein Danke» ergibt sich als Konsequenz einer sachlich-rationalen Analyse, die alle wesentlichen Aspekte berücksichtigt. Ganz im Einklang mit der EU.

Exkurs 5

Johannis Nöggerath

Maximierung der Betriebsdauer unserer Kernkraftwerke als Schlüssel für die Energiestrategie 2050+

Mit der seit 20 Jahren suboptimal verlaufenden Liberalisierung der europäischen Strommärkte ergeben sich kaum mehr Anreize zum Bau und Betrieb neuer Grosskraftwerke. Eine zunehmende Anzahl solcher Kraftwerke für grosse Mengen konstanter Grundlast werden seit Jahr und Tag aus politischen, wirtschaftlichen oder aus Klimaschutzgründen stillgelegt. Bei gleichzeitig massiv subventioniertem Ausbau einer volatilen erneuerbaren Stromerzeugung ohne adäquate Speichermöglichkeiten sinken Robustheit, Stabilität und die nötigen (Regel-)Reserven im europäischen Verbundstromnetz kontinuierlich. Der Wegfall russischen Erdgases trägt ein übriges zu dieser Situation bei. Es drohen dadurch in Europa bisher nicht gekannte Strommangelsituationen oder sogar Blackouts.

In Deutschland verläuft dieser Prozess noch beschleunigt durch den gleichzeitigen Ausstieg aus Kernenergie und Kohle. Dieser Verlust wird unter Umständen verschärft durch einen möglichen baldigen Verzicht auf grosse russische Erdgaskontingente ohne adäquaten Ersatz. Eine rasche Kompensation durch den Hochgeschwindigkeitsausbau der erneuerbaren Energieerzeuger Wind und Solar in Deutschland von heute 40 % bis zu 100 % der Gesamtstromproduktion im Jahr 2040 wird dabei immer unrealistischer, insbesondere bei einer Steigerung von heute ca. 600 TWh /a auf ca. 900 TWh/a für die Zeit ab 2040. Paradoxerweise ist es eben gerade der erhöhte Bedarf an Gas zum intensivierten Einsatz einer Vielzahl schnell regelbarer Gaskraftwerke, der eine Energiewende mit immer höherem Anteil an volatilen Stromerzeugern überhaupt ermöglicht.

Für die Schweiz bedeutet dies, dass die im Winterhalbjahr alljährlich oftmals benötigte importierte Zusatzleistung aus Deutschland bis zu 4 GW[21] schon sehr bald nicht mehr mit der bisherigen Versorgungssicherheit erfolgen wird.

Solange die heutigen fehlerhaften Konzepte im internationalen Strommarkt weiter bestehen bleiben, sollte mit den Restbetriebszeiten der noch verbleibenden, nachhaltigen, CO_2-freien europäischen KKW möglichst sorgsam umgegangen werden. Die nach Fukushima fahrlässig und schlampig konzipierte schweizerische «Energiestrategie 2050» zeigt heute das volle Ausmass ihrer Defizite, ohne aber, dass wir hierzulande die Möglichkeit haben, im Notfall auf bestehende fossile Reserven (wie z. B. eigene Kohle) zurückzugreifen. Es ist also unschwer zu erkennen, dass der Schweiz im Sinne einer nachhaltigen Entwicklung an einem möglichst langen Erhalt unserer KKW gelegen sein muss. Die rot-grünen Energiestrategen in Bern danken es in der heutigen Situation den Göttern, dass die bürgerlichen Parteien 2017 zumindest konkrete Abschalttermine von 35 oder 40 Betriebsjahren für die KKW vermeiden konnten. Ansonsten wäre die Veranstaltung «Energiestrategie 2050» bereits heute beendet.

Prinzipielles zur Betriebsdauer von KKW

Anfang der 1970er Jahre, in der Folge der ersten Erdölkrise, wurde weltweit der grösste Anteil der heute noch existierenden KKW erstellt. Viele dieser Anlagen haben heute ein Alter von 40 bis 50 Jahren erreicht. Ältere, noch in den 1960ern gebaute kleine, unwirtschaftliche KKW, zum Teil aus der Pioniergeneration 1, wurden bereits stillgelegt. Es war zu Beginn der Kernenergie ein weit verbreitetes Missverständnis – vor allem in der europäischen Öffentlichkeit –, dass KKW, die grundsätzlich auf amerikanischen Baukonzepten beruhen, technisch auf eine maximale Betriebszeit von 40 Jahren begrenzt seien. Erst viel später realisierte man, dass diese Zeitlimite einen in den USA juristisch begründeten Hintergrund hat, jedoch keinen technologischen. Noch heute liest man ab und zu die Aussage, dass die maximale technische Nutzungsdauer 40 Jahre betrage – und danach Sicherheit und Betriebsrobustheit der «Schrottreaktoren» nicht mehr gewährleistet sei, weshalb sie umgehend stillzulegen seien. Solche Aussagen sind nach allen bisherigen Erkenntnissen definitiv falsch. Verfügen heute doch sogar die Mehrheit der US-KKW seit Jahrzehnten über markante Betriebsdauer-Verlängerungen.

21 4 GW entspricht zeitweise dem Import von 4 mal der Leistung des KKW Gösgen

Anfang der 90er Jahre als viele KKW bereits ein Alter von etwa 20 Jahren erreicht hatten, wurden erste «Anti-Aging Programme» für KKW entwickelt. Das schweizerische, behördlich geforderte systematische Alterungsüberwachungs-Programm im maschinentechnischen, elektrotechnischen und bautechnischen Bereich (vgl. ENSI Richtlinie B01, Abb. 1) hatte dabei weltweiten Pilotcharakter. Der Autor war selbst in diesen Jahren an der Konzeptentwicklung dieses Alterungsüberwachungs-Programms für schweizerische KKW beteiligt. Basis und Notwendigkeit für die Einführung solcher präventiven Massnahmen war u. a. die Entdeckung bestimmter Korrosionsschäden an wichtigen Leitungen und Komponenten im Reaktorteil der Anlagen während dieser Frühphase.

Abb. 1 Schweizerische Richtlinie zur Alterungsüberwachung von Kernanlagen

Technologisch können während der Lebensdauer der Gesamtheit der Bauteile einer technischen Anlage drei Phasen unterschieden werden:

A. Frühphase mit Schäden, die aus ungenügender Erfahrung oder Konzeptdefiziten stammen, allgemein als «Kinderkrankheiten» bezeichnet
B. Nutzungs-/Betriebsphase ohne wesentliche Schäden bei umsichtigem Betrieb, ständiger Instandhaltung und präventiver Komponentenersatzstrategie
C. Spätphase mit Abnutzung, Verschleiss und spezifischen Alterungsschäden – insbesondere bei mangelhafter Instandhaltung und fehlender Erneuerungsmassnahmen während der Nutzungsphase

Diese drei Phasen werden mittels der sog. «Badewannenkurve» veranschaulicht (vgl. Abb. 2).

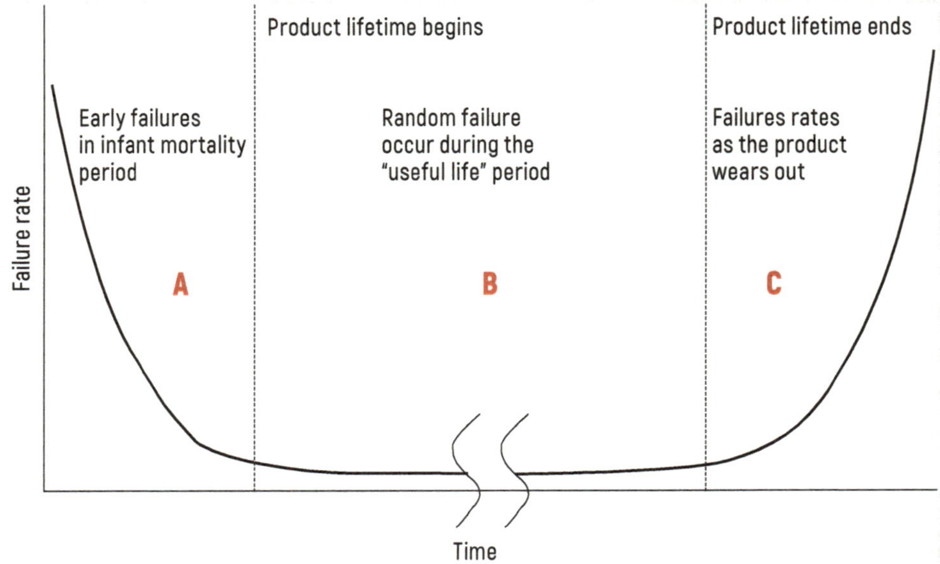

Abb. 2 Versagenshäufigkeit in Abhängigkeit von der Betriebsdauer einer Komponente

Die Phase A als Frühphase war bei den KKW der Generation 2 durch verschiedene konzeptionell bedingte Bauteilschäden gekennzeichnet. Zum Beispiel zeigten etliche KKW an verschiedenen wichtigen Rohrleitungskomponenten aus bestimmten «rostfreien» Stahlsorten nach etwa 10 Jahren Betrieb gehäufte Schäden durch «interkristalline Spannungsrisskorrosion». Nach einer intensiven weltweiten Forschungsphase wuchs die Erkenntnis, dass es sich nicht um erste Alterungsschäden handelte, sondern, dass die Auswahl suboptimaler Werkstoffe, bei erhöhten konstruktiv bedingten Zugspannungen und oxidierenden Reaktorwasserbedingungen derartige Schäden zu einem frühen Zeitpunkt hervorruft. Auch bestimmte ungeeignete Schweisswerkstoffe, ungünstige Wärmebehandlungen mit Schweisseigenspannungen waren Ursache solcher Frühschäden. Man hatte auch noch Lern- und Verbesserungsbedarf bei der Qualität der Wasserchemie in Reaktor- und Sekundärkreisläufen. Dieses Schadensbild war eine typische «Kinderkrankheit», die damals auf das Konto mangelnder Erfahrung der Anfangsjahre beim kommerziellen KKW-Betrieb ging.

Die Betriebsphase B zeichnet sich bis heute durch einen konstanten Reaktorbetrieb bei kontinuierlicher Verbesserung ohne signifikante, systematische Alterungsschäden aus. Ein chinesisches Sprichwort besagt: «Erfahrung ist der beste Lehrmeister». So wurde aus den primären Erfahrungen der Frühschäden –, aber auch aus heutigen, nur noch äusserst selten auftretenden systematischen Schäden – rund um den Globus koordiniert gelernt, und es wurden verbesserte Werkstoffe, Herstellungs- resp. Verarbeitungsverfahren sowie Betriebsweisen eingeführt und optimiert. Gleiches galt auch für die Entwicklung der praktischen Instandhaltungsmethodik und der präventiven Ersatzteilbewirtschaftung sowie der rasanten Weiterentwicklung betriebsbegleitender Test- und Prüfverfahren.

Zahllose nationale und internationale Arbeitsgruppen der OECD, IAEA, Betreiber-, Normen- und Behördenorganisationen verbesserten die Instandhaltungspraxis und identifizierten kontinuierlich Defizite, Lücken und blinde Flecken. Dabei brachten sie die KKW-Instandhaltung, den Ersatz und die Modernisierung sowie die zugehörigen präventiven Prüf- & Testverfahren mit online oder periodischen Zustandsüberwachung auf das heutige extrem hohe Niveau. Entsprechend diesen weltweit ambitionierten Neuerungs- und Instandhaltungsaktivitäten gelang es innerhalb der nächsten Jahrzehnte, die Betriebsphase B bei geringstem Umfang an unerwarteten Schäden und bei maximaler Zuverlässigkeit und Arbeitsausnutzung der KKW kontinuierlich bis heute zu verlängern. In der Kerntechnik galt eben immer schon die zustandsüberwachende und präventive Instandhaltungs- & Modernisierungsphilosophie anstelle einer ausfallorientierten Instandsetzung.

Ein Schadenanstieg zur Spätphase C mit alterungs- und abnutzungsspezifischen Schäden wurde und wird in der Kerntechnik deshalb mithilfe der weiter oben beschriebenen Praxis konsequent vermieden. Die Betriebsphase B in Abb. 2 wird demnach aus Gründen des Investitionsschutzes und eines hohen Sicherheitsanspruches weit in die Zukunft verlängert. Sobald der Zeitpunkt erreicht ist, ab dem ein Weiterbetrieb aus wirtschaftlichen Gründen nicht mehr gerechtfertigt ist, wird das KKW stillgelegt.

Die Öffentlichkeit ist sich bis heute kaum bewusst, dass Modernisierungsgrad und Erneuerungsrate sicherheits- und betriebswichtiger mechanischer und vor allem elektronischer Bauteile bei Kernkraftwerken aufgrund der sehr langen Nutzungszeiten im Vergleich zu vielen anderen Highend-Technologien ausgesprochen hoch ist. Eine ertüchtigte, modernste Prozesssteuerungstechnik mit hoch digitalisierter, speicherprogrammierbarer Anlage-Leittechnik ist in einem schweizerischen KKW heute vergleichbar mit dem Modernitätslevel eines Flughafentowers oder einer Passagiermaschine der neusten Generation.

Über die regelmässig durchgeführten probabilistischen und deterministischen Sicherheitsanalysen ist zudem zweifelsfrei nachgewiesen, dass die Gesamtheit der durchgeführten Verbesserungen dazu geführt hat, dass bestehende KKW selbst bei einem Alter von 50+ Jahren heute auf einem effektiv höheren Sicherheitsniveau (mit grösseren Sicherheitsmargen) betrieben werden als bei ihrer einstigen Inbetriebsetzung. Von wegen «Schrottreaktoren»!

Frühere Auslegungsdauer und erste Betriebszeitverlängerungen

Alle Schweizerischen KKW haben Leichtwasserreaktoren, die grundsätzlich auf amerikanischen Baumustern beruhen und deshalb der in der Mitte der 1960er Jahren entstandenen US-Atom-Gesetzgebung genügen mussten.

Die Anlagekonzepte waren damals nach US-Gesetz so zu bemessen (im Fachjargon: auszulegen), dass die vorgeschriebenen (radiologischen) Sicherheitskriterien innerhalb des gesamten Bewilligungszeitraumes nachweislich einhaltbar waren. Dieser Zeitraum von 40 Jahren stellte damit eine (vor allem betriebswirtschaftlich garantierte) Minimalbetriebszeit dar und ist deshalb nicht mit der tatsächlich technisch zu erreichenden Lebensdauer einer Kraftwerksanlage zu verwechseln. Es ist wichtig, sich vor Augen zu halten, dass die damaligen Ingenieure in den 1950/60er Jahren bei der prinzipiellen Projektierung der KKW noch nicht über die mächtigen Computermodelle und Simulationen verfügten, wie wir das heute gewöhnt sind.

Alle Auslegungsrechnungen gegen Alterung, Verschleiss, allfällige Störfälle, etc. wurden für die spätere Realisierung und die Extrapolation in eine 40-jährige Zukunft noch «von Hand» gerechnet. Die dabei unterstellten Unsicherheiten bei der damals neuen Pioniertechnologie wurden durch hohe Sicherheitsreservezuschläge kompensiert. Diese hohen Sicherheitsreserven wurden Jahrzehnte später mit dem Einsatz moderner Computermodellierungen innerhalb der Störfallanalysen bestätigt und präzise quantifiziert nachgewiesen. Neben anderen Vorteilen rechtfertigen diese effektiv vorhandenen Sicherheitsmargen auch eine wesentlich längere Betriebszeit als ursprünglich vorgesehen.

Im Mai 1995 hatte die US Atombehörde NRC erstmals weltweit ihren Betreibern die grundlegende Möglichkeit eröffnet, die bis dahin gesetzlich festgeschriebene Betriebsdauer von 40 Jahren um maximal 20 Jahre zu verlängern (Licence Renewal Rule, US Federal Code of Regulation). Voraussetzung für diese Verlängerungsbewilligung war der eindeutige Nachweis, dass das KKW des antragstellenden Betreibers den Stand von Wissenschaft und Technik erfüllt. Dazu waren systematische aufwändige Überprüfungen und Nachrüstungen notwendig. Bis heute haben alle (noch in Betrieb stehenden) US-KKW eine derartige Bewilligung beantragt, erhalten und diesen Verlängerungsschritt auf 60 Jahre Betriebszeit durchgeführt. Die technischen und administrativen Arbeitsschritte von einer Antragsstellung bis zum vollständigen Sicherheits- und Betriebsrobustheitsnachweis erforderten je nach Zustand und Modernität eines US-KKW in der Regel 2 bis 3 Jahre. Die Ergebnisse und Erfahrungen dieser Laufzeitverlängerung bei nahezu 100 US-KKW sind bis zum heutigen Tage ausgezeichnet.

In der Schweizerischen Kernenergiegesetzgebung war und ist prinzipiell keine solche Betriebsdauergrenze vorgegeben. Dafür aber verlangte die Behörde seit den Anfängen der schweizerischen Atomenergie, dem Stand von Wissenschaft und dem etablierten Stand der Technik bei den existierenden Anlagen zu folgen. Dementsprechend haben unsere Betreiber von Beginn weg eine strikte Instandhaltungs- und Modernisierungsstrategie zur Erhaltung und Weiterentwicklung der betrieblichen Verfügbarkeit ihrer KKW der Generation 2 verfolgt. Zusätzlich erfolgten nach den Unfällen von Harrisburg, Tschernobyl und Fukushima jeweils tiefgreifende Überprüfungen, die weitere Schübe an sicherheitstechnischen Anpassungen und Modernisierungen nach sich zogen und teils bereits Anleihen bei den damals neusten Erkenntnissen zu Generation 3-KKW nahmen.

Das CH-Kernenergiegesetz verlangt nicht nur eine kontinuierliche Befolgung des Standes von Wissenschaft und Technik, sondern erhebt die Forderung nach einer gründlichen Sonderuntersuchung zur Langzeitsicherheit, bevor das 40. Betriebsjahr erreicht, respektive überschritten wird. Derartige Studien verfolgen das Ziel, für den künftig geplanten Langzeitbetrieb die Einhaltung der sicherheitstechnischen Akzeptanzkriterien bis zum Ende der Betriebszeit mit ausreichenden Reserven nachzuweisen. Die CH-KKW können dementsprechend so lange betrieben werden, wie sie diese (sehr hohen) gesetzlichen Anforderungen zur Sicherheit erfüllen und natürlich den betriebswirtschaftlichen Kriterien des jeweiligen Betreibers entsprechen. Inzwischen gehen die Betreiber der Anlagen von einer Betriebszeit von mindestens 60 Jahren aus. Betreiber und Aufsichtsbehörden sammelten weltweit mehr als 40 Jahre Erfahrung mit KKW-Konzepten verschiedenster Hersteller und können die Zustandsentwicklung der verschiedenen wichtigen Anlageteile sehr präzise beurteilen.

Technische Lebensdauerkriterien

Die technische Lebensdauer eines KKW hängt im Wesentlichen von zwei Gesichtspunkten ab:

1. Konzeptuelle Alterung: Dabei galt es, die Technik unserer bestehenden Anlagen mit dem Technikfortschritt eines heute neu zu erstellenden Kraftwerks zu vergleichen und – unter Beachtung der wirtschaftlichen Randbedingungen – so weit als möglich an dieses Niveau anzunähern. Solche Konzeptvergleiche führten bei den CH-KKW zu wesentlichen Konzeptneuerungen wie z. B. zusätzliche, unabhängige, redundante und Grundwasserbrunnen-gekühlte Notstandssysteme zur Abführung einer unfallbedingten Nachzerfallswärme. Oder des zusätzlichen Präventivschutzes des Containments bei äusserst seltenen, schweren Kernschadensunfällen, durch
   a. eine gefilterte Containment-Druckentlastung zur radiologischen Schadensbegrenzung in der Umgebung nach einem Unfall aufgrund des Druckaufbaus durch Wasserdampfexpansion
   b. eine passive Wasserstoffkatalyse zur Schadensprävention gegen eine H_2-O_2- Explosion in der Folge eines solchen Unfalls

Als eine weitere sehr wichtige Konzeptmodernisierung gilt die in allen KKW während der vergangenen 20 Jahre sukzessive vorgenommene Leittechnik-Umstellung von Relais- und Analogtechnik über verbindungsprogrammierte digitale elektronische Steuerungen auf Prozessrechner und zunehmend auf speicherprogrammierbare Steuerungen. Diese Modernisierung ist in allen KKW noch im Gange und bedeutet eine entscheidende Modernisierung und Weiterentwicklung der Anlagen.

Diese und weitere Konzeptanpassungen wurden auf der Basis von Ergebnissen internationaler Forschung auf den Gebieten Betriebszuverlässigkeit, Störfälle und Alterungsmanagement durchgeführt und sind daher in der einen oder anderen Form ebenfalls in neuen KKW-Konzepten der nächsten Generation 3 vorzufinden. Derartige Konzeptüberprüfungen erfolgen in den schweizerischen KKW im 10-Jahresturnus der sog. «Periodischen Sicherheits-Überprüfung» (PSÜ). Die Gesamtheit aller bislang umgesetzten Modernisierungen hat einer konzeptuellen Überalterung unserer KKW massgeblich entgegengewirkt.

An dieser Stelle sei allerdings betont, dass selbst die ambitioniertesten Konzeptanpassungen und Modernisierungen älterer KKW die effektiven Vorteile einer von Grund auf neu konzipierten Kraftwerksgeneration nicht erreichen. Der Vergleich mit der Entwicklung des Autos über die Zeiten erscheint in diesem Zusammenhang gerechtfertigt.

2. Materialtechnische Alterung von Komponenten: Um die technische Lebensdauer eines KKW abzuschätzen, gilt es:
   a. Alle sicherheitstechnischen Komponenten zu identifizieren, die aus technischen oder ökonomischen Gründen auch in Zukunft nicht instand gestellt, nachgerüstet oder ersetzt werden können («Schlüsselkomponenten»)
   b. Alle unvermeidbaren zeit- oder betriebsbedingten Degradations- und Schadensmechanismen zu identifizieren, denen solche Schlüsselkomponenten unterworfen sind
   c. Den frühesten Zeitpunkt abzuschätzen, ab dem eine der identifizierten Schlüsselkomponenten wegen eines solchen Alterungsprozesses unterhalb des in der Auslegung spezifizierten Sicherheitsniveaus sinkt

   Bei der Einschätzung der CH-KKW nach den Kriterien a. bis c. kann nach weltweiter Erfahrung heute davon ausgegangen werden, dass nur der Reaktordruckbehälter (RDB) – ohne seine Einbauten – als aus ökonomischen Gründen nicht austauschbare und daher als alleinige Betriebszeit-limitierende Schlüsselkomponente in Frage kommt. Als potenziell ausschlaggebende und unvermeidliche Betriebszeit-proportionale Alterungsmechanismen gelten dabei:
   a) der allmähliche Zähigkeitsverlust der kernnahen RDB-Wandbereiche und ihrer Schweissnähte durch den betriebsbedingten schnellen Neutronenfluss und
   b) die Materialermüdung bestimmter Bereiche des RDB aufgrund thermomechanisch wirksamer Betriebsspannungszyklen

Als Gegenmassnahmen zu Punkt a) werden heute sogenannte «Low Neutron Leakage» Brennelement-Anordnungen beim Reaktor-Kernbrennstoff angewandt, die eine Minimierung des Flusses von schädlichen schnellen Neutronen in die Wandung des RDB ermöglicht. Dadurch werden Werkstoff-Zähigkeitsverluste minimiert und die Lebensdauer des RDB massgeblich verlängert.

Als Gegenmassnahme zu Punkt b) wird vor allem eine schonende Betriebsfahrweise des RDB mit langsamen An- und Abfahrvorgängen, sowie eine bezüglich Höhe und Anzahl moderate Lastwechselcharakteristik eingehalten. Häufige und sprunghafte Laständerungen (sog. Transienten), wie z. B. Schnellabschaltungen, vor allem aber auch wiederholte Notwassereinspeisungen (Stichwort: Thermoschock), die die RDB-Werkstoffstruktur vorzeitig ermüden, werden möglichst vermieden.

Diese Erkenntnisse sind heute weder neu noch erstaunlich und stehen im Einklang mit dem langjährigen sich fort entwickelnden internationalen Stand des Wissens und der eingesetzten Technik. Das Fortschreiten dieser beiden Alterungsmechanismen a) und b) am RDB wird von allen KKW-Betreibern der Welt während der gesamten Betriebszeit sorgfältig überwacht, registriert, analysiert und hinsichtlich der zukünftig angestrebten Betriebszeit simuliert und extrapoliert. Sie werden auch von den Behörden engmaschig überwacht. Hierzu gibt es bestimmte regulatorische Grenzkriterien, die von den Betreibern eingehalten werden müssen. Auch hierbei spielen die gesetzlich alle 10 Jahre durchzuführenden PSÜ eine tragende Rolle. Beispielsweise ergab die Simulation beim Kernkraftwerk Leibstadt, ausgehend vom heutigen Zustand, dass ein kritischer Zähigkeitsverlust beim RDB erst jenseits von 100 Jahren des Reaktorbetriebs eintreten würde.

Weltweit ist man sich heute sicher, dass die Annahmen des ursprünglichen Planungshorizonts von 40 Jahren wesentlich zu pessimistisch waren. Die KKW altern deutlich «besser» als ursprünglich angenommen. In der gesamten Zeit wurden weltweit bisher keine anderen Schlüsselkomponenten identifiziert, deren Alterung als definitive «Showstopper» die Betriebszeit eines KKW unabänderlich limitieren.

Selbstverständlich jedoch kann der Betreiber eines KKW nach einer Marktwirtschafts-Betriebskosten-Nutzen-Analyse zur Erkenntnis kommen, dass der Weiterbetrieb mit Modernisierung seiner älteren Anlage für ihn nicht mehr gerechtfertigt ist und entscheidet, diese Anlage ausser Betrieb zu nehmen. Diese Tendenz konnte man insbesondere in den USA während den 2000er Jahren beobachten, als die Erzeugerpreise für Fracking-Gas äusserst niedrig wurden und sich die Instandhaltungs- und Ertüchtigungsmassnahmen für den weiteren Langzeitbetrieb, vor allem bei etlichen produktionsschwächeren KKW nicht mehr rechneten.

Betriebszeitverlängerungen für US-KKW von 40 auf 80 Jahre

Am 11. Mai 2021 hat die US-Aufsichtsbehörde Nuclear Regulatory Commission (NRC) in Washington erstmals den beiden Westinghouse-Druckwasserreaktor-Blöcken des KKW Surry, Virginia eine zweite Betriebsdauerverlängerung auf 80 Jahre bis zum Jahr 2052 resp. 2053 genehmigt.[22] Die Anlagen wurden in den Jahren 1972/73 in Betrieb genommen und waren ursprünglich nach US-Gesetz-

22 https://www.neimagazine.com/news/newsus-nrc-approves-80-year-operating-life-for-surry-npp-8725980

gebung für 40 Jahre Betrieb geplant. Im Jahre 2003 erhielten sie bereits eine erste Verlängerung auf 60 Jahre. Vier weitere US-Anlagen erhielten bislang ebenfalls eine zweite Betriebsdauerverlängerung um weitere 20 Jahre auf insgesamt 80 Betriebsjahre: Turkey Point Block 3 und 4 (Betriebsbeginn: 1972/73), sowie Peach Bottom's Blöcke 2 und 3 (Betriebsbeginn: 1968). Anmerkung: Auch die beiden massiv nachgerüsteten schweizerischen Westinghouse-Druckwasserreaktoren Beznau 1 und 2 gingen 1969 und 1971 in Betrieb. Weitere 5 KKW in den USA stehen momentan im NRC-Genehmigungsverfahren mit offiziellem Gesuch für einen 80 Jahresbetrieb.[23]

In den USA hatte das Betreiber-eigene Institut EPRI (Electric Power Research Institute)[24] unter Beizug der Behörde NRC jahrelange Vorarbeit geleistet, um die exakten technischen Kriterien auszuarbeiten, die eine Anlage erfüllen muss, um überhaupt eine Chance zu haben, solch eine Genehmigung von 60 auf 80 Betriebsjahre zu erhalten. Alle genannten Werke haben auf der Basis der EPRI-/NRC-Kriterien eine Vielzahl systematische und aufwändige Überprüfungen und Modernisierungsarbeiten durchführen müssen, um die erhobenen Vorgaben sicher zu erfüllen. In der Folge wurde der Status der entsprechend modernisierten Anlagen einer ca. 3-jährigen strengen Überprüfung durch die NRC unterzogen, wo alle sicherheitsrelevanten Details der Anlage auf ihre Zukunftsfähigkeit hin untersucht wurden.

Weitere Anträge für Betriebsverlängerungen von 60 auf 80 Jahre sind in Vorbereitung für eine baldige Einreichung an die zuständige Behörde NRC. Spezialisten des US-Energieministeriums kamen aufgrund der aufwändigen Untersuchungen und ihrer Resultate zum Schluss: «*US nuclear plants are proving that age is really just a number*»[25]. NRC stellt sich inzwischen schon auf Gesuche einzelner Betreiber für sogar 100 Betriebsjahre[26] für bestimmte KKW ein.

80 Jahre Betrieb: Für die schweizerischen KKW absolut realistisch

Die CH-KKW verfügen heute über die modernsten mechanischen, elektrischen und baulichen Nachrüstungen weltweit. Sie befinden sich in jedem Fall auf dem aktuellen Stand von Wissenschaft und etablierter Technik für KKW der Generation 2., teilweise haben sie bereits einzelne Sicherheits-Vorsorgemassnahmen der Genera-

23 https://www.nrc.gov/reactors/operating/licensing/renewal/subsequent-license-renewal.html
24 https://eprijournal.com/nuclear-plant-life-extension-a-strategic-bridge/
25 https://www.energy.gov/ne/articles/whats-lifespan-nuclear-reactor-much-longer-you-might-think
26 https://www.nrc.gov/docs/ML2104/ML21047A253.pdf

tion 3 verbaut. Die technischen Voraussetzungen für einen Langzeitbetrieb der Schweizer KKW Gösgen und Leibstadt für 80 Jahre sind sogar deutlich besser als bei den amerikanischen Kraftwerken, deren Nachrüstungen heute nicht das schweizerische Niveau erreichen. Aus der konservativen Extrapolation des künftigen Werkstoffzustandes der einzelnen KKW-Reaktordruckgefässe («Schlüsselkomponente») geht hervor, dass die KKW Gösgen und Leibstadt bei gleichbleibend schonender Betriebsweise auch 80 Jahre und länger betrieben werden können. Und auch bei den beiden stark nachgerüsteten Blöcken des KKW Beznau stellen 70 Betriebsjahre durchaus keine Phantasiezahl dar.

Selbstverständlich stellt sich dabei aber nicht nur die Sicherheits- und Technikfrage, sondern vor allem auch eine übergeordnete politische und volkswirtschaftliche Frage der Elektrizitätsmarktausgestaltung. Davon abgeleitet ist es ein betriebswirtschaftlicher Entscheid der Betreibergesellschaft, ob ein weiterer steigender Instandhaltungsaufwand (bei den älter werdenden Anlagen) durch die Rentabilität des Kraftwerks am Strommarkt gedeckt ist. Darüber hinaus gilt sowohl der Satz: «Nur ein sicheres KKW lässt sich wirtschaftlich betreiben», als auch seine Umkehr: «Nur ein wirtschaftliches KKW lässt sich sicher betreiben».

Als Voraussetzung für Betriebszeitverlängerungen bestehender Reaktoren bis über die Jahrhunderthälfte hinaus, wie auch für jegliche neuen Reaktortypen in der zweiten Hälfte des 21. Jahrhunderts müsste jedoch gelten, dass betreffende Länder weiterhin langfristig als industriell-technische Gesellschaften – so wie heute – erhalten bleiben, mit allen technisch-kulturellen Voraussetzungen für einen kompetenten und verantwortungsvollen Betrieb und die Instandhaltung solcher Anlagen. Somit ist für den Fortbestand einer solchen Hochtechnologie entscheidend, dass man dereinst in der Schweiz noch genügend Fachleute ausbildet, und dass ausreichendes technisches Know-how und Know-why weiterhin zur Verfügung steht.

Dazu müssten die notwendigen technischen, industriellen und forschungsmässigen Ressourcen vorhanden sein und sich die nationale Ausbildung für Personal und Instandhalter in technischer Hinsicht weiterhin auf hohem Niveau (hohe Qualifikation der technischen Berufsausbildung, FH, ETH, PSI) fortsetzen. Dies sollte in der technikorientierten Schweiz allerdings kein Problem darstellen.

Nach einer temporären Phase der verstärkten allgemeinen Ressentiments gegen die Kernenergie in den Jahren nach Fukushima, ist in der sich nun abzeichnenden nationalen und internationalen Strommangelsituation und aufgrund der weitgehenden CO_2-Freiheit der Kernenergie heute wieder ein höheres Mass an Akzeptanz gegenüber der Atomenergie auszumachen: Das Interesse an Kerntechnik, nicht nur bei technikaffinen jungen Leuten, befindet sich seit einiger Zeit wieder im Aufwind. Ein Kerntechnikstudium an der ETH absolvieren heute so viele junge Menschen wie schon lange nicht mehr. Als gesellschaftliche Bedingungen zählen selbstverständlich auch stabile Finanz-, Besitz- und Verantwortlichkeits-Strukturen sowie eine funktionierende Zwischen- und später auch eine sichere rückholbare geologische Tiefenlagerung der radioaktiven Abfälle[27]. Die technisch-wissenschaftlichen und gesellschaftlichen Abklärungen zum Standort eines konkreten schweizerischen Tiefenlagerprojekts sind in einem weit fortgeschrittenen Zustand.

Markante Vorteile einer 80-jährigen KKW-Laufzeit für die «Energiestrategie 2050+»

Das KKW Gösgen produziert jährlich rund 8 Terawattstunden CO_2-freien Strom (rund doppelt so viel wie alle in der Energiestrategie 2050 geplanten Windkraftanlagen), das KKW Leibstadt rund 10 Terawattstunden – gesamthaft also rund 18 Terawattstunden pro Jahr.

Schätzungen besagen, dass für eine weitgehend dekarbonisierte und durchelektrifizierte Schweiz (inkl. Verkehr, Industrie und Gebäude) bis 2050 rund 50 % mehr Stromproduktion, d. h., ca. 90 Terawattstunden Strom pro Jahr benötigt[28] werden. Rund 40 Terawattstunden davon können die Wasserkraftwerke weiterhin ohne nennenswerten Zubau liefern. Es bliebe also nach der bisher geplanten Ausserbetriebnahme beider KKW nach 60 Betriebsjahren, ab den Jahren 2040/45, ein zusätzlicher Bedarf von rund 50 Terawattstunden pro Jahr CO_2-freien Stroms.

Blieben die KKW Gösgen und Leibstadt hingegen 80 Jahre in Betrieb, würde das die Energieperspektiven der Schweiz entscheidend verbessern. Beide Kraftwerke würden dann 10-15 Jahre über 2050 hinaus 18 Terawattstunden pro Jahr netzstabilisierenden, günstigen und CO_2-freien Grundlaststrom produzieren. Es müsste erst viel später ein Ersatz für den Strom dieser beiden Werke – welche heute zusammen fast 30 % des nationalen Strombedarfes decken – gefunden werden. Dies bedeutet zwar nicht, dass die sich abzeichnende Versorgungsproblematik dadurch behoben wäre, aber zumindest reduziert sich die nötig werdende Zusatzkapazität bis ca. Mitte 2060 auf etwa 30 Terawattstunden pro Jahr. Man hätte mit einem Betrieb über 80 Jahre der beiden KKW also enorm viel Zeit gewonnen, um die Aufgabe einer ausreichenden dekarbonisierten Strombereitstellung um einiges erreich-

27 https://www.nagra.ch/de/das-geologische-tiefenlager
28 https://www.enex.me/blog/energie/energiewende-schweiz

barer zu gestalten. Ergo bliebe auch für den herausfordernden Ausbau erneuerbarer Stromproduktion mehr Zeit.

Die Option eines solchen Langzeitbetriebs unserer KKW scheint je länger, desto mehr zu einem ausserordentlich wichtigen öffentlichen, ja nationalen Erfordernis zu avancieren. Aufgrund ihrer Klimaneutralität wird die Kernenergie seit Beginn des Jahres 2022 über die neue EU-Taxonomie als «nachhaltige Investition» eingestuft. Es wäre also auch für die Schweiz ernsthaft zu überlegen, inwieweit das künftig aufzuwendende erhebliche Instandhaltungs- und Erneuerungs-Investment für eine solche sichere und klimaneutrale Langzeitstromversorgung durch KKW über 2050 hinaus – analog zu anderen unterstützten Massnahmen innerhalb der Energiestrategie 2050 – staatlich gefördert werden müsste.

Zusammenfassung

Eine zeitliche Streckung der ursprünglich postulierten Betriebszeiten für die Kernkraftwerke Gösgen und Leibstadt auf 80 Jahre stellt für die Schweiz heute die einzig realistische Option dar, um auf klimaschonende Weise den dringend nötigen erweiterten Zeitraum für eine Umsetzung der «Energiestrategie 2050+» mit ihren überaus ambitionierten Zielen halbwegs erfolgreich zu bewältigen. Technisch ist eine solche Laufzeiterweiterung heute ohne Probleme möglich. Unterstützende positive Beispiele dafür liegen in den USA bereits vor. Eine Betriebszeitmaximierung ginge auch Hand in Hand mit dem Anspruch der langfristigen künftigen Nachhaltigkeit von Energiesystemen, wie sie seit Beginn 2022 von der EU-Kommission durch ihren Taxonomie-Entscheid bescheinigt wurde.[29]

Ausblick

KKW der Generation 3

Ein erweiterter Zeithorizont könnte aber auch für eine Neuauflage der Pläne für ein oder zwei Ersatz-KKW der Generation 3 genutzt werden. Dies allerdings erst, nachdem der Souverän das gesetzliche KKW-Neubauverbot unter dem Druck einer sich abzeichnenden Stromknappheit widerrufen hätte.

Prinzipiell sind die heutigen Generation-3-Leichtwasser-KKW (Framatome-EPR, Westinghouse-AP1000, General Electrics-Hitachi-ABWR, etc.) von Haus aus

29 https://www.nuklearforum.ch/de/medienmitteilung/nuklearforum-schweiz-begruesst-taxonomie-entscheid

für mindestens 60 Jahre Betrieb konzipiert. Ein halbes Jahrhundert Erfahrung aus Generation 1 (erste Forschungsreaktoren und «Ur»-Reaktoren aus den 1950ern und 60ern) und aus der Generation 2 (heutige KKW) sind in diese neue KKW-Generation 3+ eingeflossen. Nach 50 Jahren Kernenergieerfahrung und etwa 500 Werken weltweit sind das kumuliert immerhin mehr als 25'000 Betriebsjahre Erfahrung mit dieser Technik. Hierzu gehören auch die systematische und konsequente Beseitigung früherer Schwachstellen und alterungsanfälliger Details. Es gilt also heute bereits als sicher, dass die Betriebszeit der KKW-Generation 3 auf zumindest 80 Betriebsjahre verlängerbar ist. Aus technischer Sicht sind selbst 100 Betriebsjahre nicht mehr ausgeschlossen. Die Reaktordruckbehälter der Generation 3 sind dafür bereits konzipiert. Neue Atomkraftwerke der Generation 3 könnten somit bis über die nächste Jahrhundertwende hinaus Strom erzeugen.

KKW der Generation 4

Der weltweite Trend scheint jedoch heute aus Ressourcen- und anderen Gründen mittel- und langfristig hin zu Generation 4-Reaktoren zu gehen, die nochmals ganz wesentliche Vorteile gegenüber den KKW der Generationen 1-3 aufweisen. Diese neue KKW-Generation ist für mehrheitlich inhärent sicheres Betriebsverhalten ausgelegt, weist bessere thermodynamische Wirkungsgrade (Hochtemperaturprozess) auf und produziert kaum langlebige Abfälle, da sie den Nuklear-Brennstoff zu viel höherem Grad ausschöpft. Die Konzepte solcher Reaktoren sehen vor, die grossen Mengen heute als «Abfall» geltenden «abgebrannten», hochradioaktiven Brennstoffs (Uran-238) künftig als Brennstoffbasis zu nutzen. Aber auch das reichlich in der Natur vorkommende Thorium könnte dereinst eingesetzt werden. Solche Reaktortypen werden voraussichtlich ab 2040 Marktreife erlangt haben und dann mittelfristig sogar die Leichtwasser-KKW-Generation 3 ergänzen und ablösen.

Ein künftiger Bau von einem oder mehreren neuen Kernkraftwerken der fortgeschrittenen Generation 3 oder einer künftigen Generation 4, welche einen klimaneutralen, landverbrauchs-sparsamen Anteil des Schweizer Stroms über Zeiträume von 80 bis 100 Jahre produzieren würden, bedingt sicherlich finanzielle Investitionen im zweistelligen Milliardenbereich. Auch hier würde das neue Nachhaltigkeitssiegel der EU-Taxonomie für die Kernenergie staatliche Investitionen bestens rechtfertigen. Die Beispiele anderer Länder zeigen ohnehin, dass die Finanzierung solcher Vorhaben ohne Beteiligung staatlicher Finanzmittel künftig kaum machbar sein wird. Die positive Perspektive ist, dass von neuen Kernkraftwerken mit derartig langen Laufzeiten im besten Fall mindestens drei Generationen profitieren. Deren Stromversorgung wäre gesichert. Man kann es gesellschaftlich vielleicht am besten mit dem Bau der neuen Alpentransversale durch den Gotthard (NEAT) vergleichen: Solche grossen wichtigen Infrastruktur-Vorhaben realisiert eine Nation nur zum kleinsten Teil für die eigene Generation – der wesentliche Nutzen und die vollständige Amortisation kommt den nächsten Generationen zugute.

Und genau das sollte unser aller gemeinsames Anliegen sein.

11 | Energiewende ins Nichts Teil 1

Platzt unser Traum einer CO_2-neutralen Gesellschaft?

Die Schweiz wird das bis 2050 angestrebte Netto-Null-Ziel von 2050 wahrscheinlich verfehlen, weil die Winterstromlücke mit keiner heute verfügbaren Technologie gestopft werden kann. Eine Studie der ETH Lausanne quantifiziert die Probleme zum ersten Mal.

Wenn wir bis 2050 unser Energiesystem CO_2-neutral haben wollen, müssen wir die gesamte Produktion vollständig auf erneuerbare Ressourcen umstellen. Die technischen Herausforderungen und die wirtschaftliche Machbarkeit einer derart gewaltigen Transformation haben Forscher der ETH Lausanne (EPF) und der Eidgenössischen Materialprüfungsanstalt (Empa) in einer Studie für die Schweiz analysiert (Andreas Züttel et al., 2022).[30] Die Studie erschien im Februar 2022.

Diese Analyse geht von Rahmenbedingungen aus, die in der folgenden Grafik (Seite 2 der Studie) schematisch dargestellt sind, und auf dem Energiebedarf von 2019 beruhen (siehe Grafik auf der nächsten Seite).

Der Import fossiler Energie ist ausgeschlossen (die verbotenen schwarzen Fässer links oben). Dies bedeutet, dass der gesamte Wärme- und Verkehrsbereich vollständig auf grüne Energien umgestellt werden muss. Weil alle Kernkraftwerke abgestellt sind, wird die gesamte Energieerzeugung nur noch mit Wasserkraft (links unten) und Sonne (PV-Anlagen rechts oben) bestritten, da die Windkraft in der Schweiz keine bedeutende Rolle spielen wird. Damit aber stellt sich ein doppeltes Stromspeicherproblem: Einerseits müssen die Tag/Nacht-Schwankungen des Solarstroms und andrerseits die saisonalen Differenzen des gesamten Systems ausgeglichen werden.

30 Andreas Züttel et al, 2022, https://www.frontiersin.org/articles/10.3389/fenrg.2021.785908/full

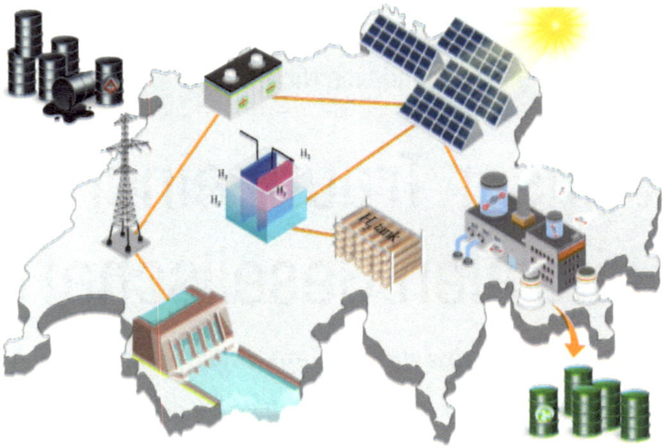

GRAPHICAL ABSTRACT |

Der Tages- oder Sommer-Überschussstrom, der in einem solchen System anfällt, kann auf drei Arten gespeichert oder weiterverwendet werden: erstens in Batterien (oben Mitte), zweitens für die Produktion von Wasserstoff und dessen spezieller Speicherung (Mitte) und drittens in einer chemischen Fabrik (rechts unten), in der synthetische Kohlenwasserstoffe produziert werden, die in grünen Fässern landen.

Drei Szenarien: Rein elektrisch, mit Wasserstoff, mit Kohlenwasserstoffen

Die Auswirkungen dieser drei verschiedenen Speichermethoden haben die Forscher in drei entsprechenden Energiesystemen untersucht, die ich hier als Szenarien bezeichne: Das rein elektrische Szenario 1 beruht auf der Batteriespeicherung, das Wasserstoff-Szenario 2 stützt sich auf die Herstellung von Wasserstoff ab und im Synfuel-Szenario 3 werden synthetische Kohlenwasserstoffe produziert.

In allen Szenarien stellen sich die gleichen drei Grundfragen: Erstens: Wie gross muss der Ausbau der Solaranlagen sein? Zweitens: Wie gross muss die Speicherkapazität für den kurzfristigen Tag/Nacht-Ausgleich sein? Drittens: Wie gross muss die Speicherkapazität für den langfristigen saisonalen Ausgleich sein? Die Antworten auf diese Fragen sind in der folgenden Grafik – die ich vom Hauptautor der Studie, Professor Andreas Züttel, direkt erhalten habe – zum grössten Teil nicht mit physikalischen Zahlen, sondern mit anschaulichen Vergleichsgrössen angegeben. Das erleichtert die Vorstellung der Grössenordnungen, um die es hier geht.

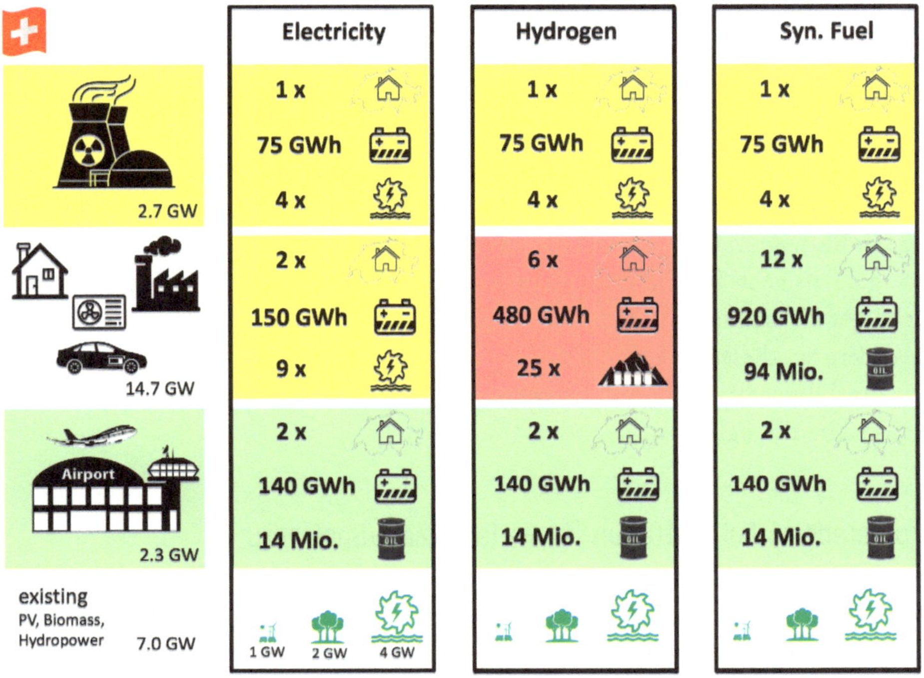

In der linken Spalte werden die drei Themenbereiche definiert, in denen unser Energiesystem umgebaut werden muss. Von oben nach unten sind das die Substitution der Kernkraftwerke durch PV-Anlagen (Symbol AKW), der Ersatz der fossilen Energieträger im Wärme- und Verkehrsbereich (Symbol Haushalte, Industrie, Dienstleistungen und Verkehr) und die Herstellung des Flugtreibstoffes Kerosin (Symbol Flughafen). Für jeden dieser Themenbereiche findet man rechts davon in den drei schwarz umrandeten Szenarien-Kasten überall eine dreizeilige Antwort, die immer nach dem gleichen Muster auf die drei oben erwähnten Grundfragen eingeht.

Allein der Ersatz der KKW erfordert die gesamte PV-taugliche Dachfläche der Schweiz

Schauen wir uns das einmal musterhaft anhand der obersten Zeile «PV für KKW» an. Auf die erste Frage: «Wie viel PV muss zugebaut werden?», steht hier als Antwort: 1 x das Symbol «Haus auf Schweiz». Mit dem Symbol «Haus auf Schweiz» ist die gesamte PV-taugliche Dachfläche auf Gebäuden in der Schweiz gemeint, die in der Studie mit 135 Quadratkilometern angegeben wird. Diese Grössenordnung wird bestätigt durch eine Studie von Alina Walch et al. von 2019[31], die wegen ihrer stundenbasierten Analytik und Vielfalt der berücksichtigten Parameter als Goldstandard in dieser Frage bezeichnet werden kann.

Allein mit dem Ersatz der Kernkraftwerke müssten also bereits alle geeigneten Dachflächen für den PV-Ausbau verbaut werden. Das ist aber noch nicht alles: Wie die Grafik zeigt, müsste man in diesem Szenario sowohl für den Ersatz der fossilen Energien als auch für die Produktion von grünem Kerosin nochmals je das Zweifache der PV-tauglichen Dachflächen zur Verfügung haben. Insgesamt würde die Realisierung dieses ersten Szenarios also eine zusätzliche PV-Fläche von 682 Quadratkilometern erfordern – das ist das Fünffache dessen, was auf Schweizer Hausdächern möglich ist.

Pro Person 44 Autobatterien für die Tag/Nacht-Speicherung

Und mit welchen Grössenordnungen müsste man bei der Speicherung rechnen? Nehmen wir zuerst die zweite Grundfrage nach der Tag/Nacht-Speicherung, die in der Grafik überall auf der zweiten Zeile zusammen mit dem Symbol einer Batterie beantwortet ist. Im rein elektrischen ersten Szenario wären dafür total 365 Gigawattstunden nötig, das entspricht 44 Kilowattstunden pro Kopf der Bevölkerung. Für jede einzelne Person in der Schweiz müsste also irgendwo das Leistungsäquivalent von 44 konventionellen Autobatterien gelagert werden.

Saisonal müssen 18 Terawattstunden gespeichert werden

Und schliesslich zur dritten und wichtigsten Grundfrage: Wie viel Strom muss vom Sommer in den Winter gespeichert werden, und wie ist das am besten möglich? Die Strommenge, die gespeichert werden muss, geben die Forscher mit 18 Terawattstunden an. Das ist deutlich weniger als in der viel tiefer gehenden Empa-Studie von 2019,[32] die auf 23 Terawattstunden gekommen ist.

Beim zweiten Teil der Frage nach der Speichermethode, trennen sich nun die Wege der drei Szenarien, und zwar im Bereich des Ersatzes für die fossilen Energien. Schauen wir wieder zuerst in das elektrische Szenario 1. Im Bereich «Ersatz Fossile» steht auf der dritten Zeile die Antwort: 9 × Symbol «Turbine über Wasser». Dieses Symbol steht für die Speicherkapazität des mit Abstand grössten Schweizer

31 Alina Walch et al., 2019, https://www.sciencedirect.com/science/article/pii/S0306261919320914

32 Martin Rüdisüli et al, 2019, siehe Fussnote 2

Wasserspeicherkraftwerks, Grande Dixence. Um die geforderten 18 Terawattstunden speichern zu können, müssten wir also neun solche Riesenanlagen in den Alpen neu bauen.

Zusätzlich noch 13-mal die höchste Staumauer der Welt dazubauen

Dass dies bei einer Anlage, deren Staumauer mit einer Höhe von 285 Metern die höchste der Welt ist, und die so imstande ist, 400 Millionen Kubikmeter Wasser zu stauen, vollkommen unmöglich ist, versteht sich von selbst. Aber es würde für das erste Szenario noch nicht einmal genügen, denn wegen «PV statt KKW» wären nochmals vier Grande Dixence nötig. Für die vollständige Realisierung eines klimaneutralen, durchelektrifizierten Szenarios 1 müssten also dreizehn Wasserspeicheranlagen in der Grössenordnung von Grande Dixence neu gebaut werden. Das liegt weit jenseits des Möglichen.

Mit Wasserstoff braucht es 25-mal den Gotthard-Basistunnel

Kann die saisonale Speicherung also mit der Herstellung von Wasserstoff (zweites Szenario) gelingen? Bei diesem Prozess wird via Elektrolyse Wasserstoff hergestellt, der dann im Untergrund bei speziellen Bedingungen gespeichert werden kann. Wegen Wirkungsgradverlusten muss allerdings im Bereich «Ersatz Fossile» mit dreimal mehr PV-Fläche gerechnet werden als im elektrischen Szenario 1. Der Gesamtbedarf an PV-Fläche im Wasserstoff-Szenario beträgt 1389 Quadratkilometer – das Neunfache der PV-tauglichen Dächer der Schweiz.

Zusätzlich müsste bei diesem System eine gänzlich neue Wasserstoff-Infrastruktur aufgebaut werden. Besonders kritisch dabei ist die Bereitstellung eines unterirdischen Lagervolumens von 57 Millionen Kubikmetern. Das entspricht, wie die Grafik im mittleren roten Feld zeigt, 25-mal dem Volumen des Gotthard-Basistunnels.

Weil auch das praktisch unmöglich scheint, bleibt noch die Variante drei: das SynFuel-Szenario. Hier werden in einer chemischen Fabrik synthetische Treib- und Brennstoffe hergestellt, was den grossen Vorteil hat, dass die bisherige Verkehrs- und Heizinfrastruktur beibehalten werden kann. Wie die Grafik auch noch zeigt (der grüne Teil), ist die Produktion von Kerosin nur mit diesem Verfahren überhaupt möglich.

Mit SynFuel würden zwei Drittel der Schweizer Siedlungsfläche mit PV überbaut

Wie gut eignet es sich aber für den Ersatz der fossilen Energien? Weil die Wirkungsgradverluste hier nochmals deutlich höher liegen als im Wasserstoff-Szenario, steigt der Grundbedarf an PV-Fläche nun sogar auf das Sechsfache des elektrischen Szenarios. Für das SynFuel-Szenario wären 1987 Quadratkilometer Fläche nötig, das heisst, für jede Schweizerin und jeden Schweizer müssten 236 Quadratmeter PV-Flächen montiert sein. Damit wären bereits zwei Drittel der gesamten Siedlungsfläche unseres Landes überbaut – eine beunruhigende Vorstellung.

Aber auch der Batteriespeicherbedarf für Tag/Nacht steigt nochmals an: In diesem Szenario wäre pro Person die Kapazität von 120 Autobatterien notwendig.

Keines der Szenarien scheint realistisch

Es ist klar, dass das erste so weit wie möglich elektrifizierte Szenario das effizienteste und damit auch billigste ist. Nur lässt sich damit die saisonale Speicherung nicht bewerkstelligen – jedenfalls hierzulande nicht im ganzen Ausmass, das für die Klimaneutralität nötig wäre. Da die beiden anderen Szenarien wie gezeigt ebenfalls nicht vollständig realisierbar sind, gibt es letztlich keinen gangbaren Weg für ein Schweizer Energiesystem, das ausschliesslich auf erneuerbarer Wasser- und Sonnenkraft beruht: Unsere Energiestrategie 2050 muss also scheitern.

12 Energiewende ins Nichts 2

Unsere Energiewende wird teuer

Alle Kernkraftwerke und alle fossilen Heiz- und Brennstoffe mit ausschliesslich erneuerbaren Energien zu ersetzen, ist eine kaum lösbare Herkulesaufgabe. Wie teuer uns eine solche Energiewende zu stehen kommt, beziffert eine Studie der ETH Lausanne.

Im Kapitel 11 habe ich die Studie von 2022 von Andreas Züttel et al. bereits unter dem Aspekt der technischen Anforderungen analysiert.[33] Heute geht es um die wirtschaftlichen Auswirkungen, mit denen sich die Forscher ebenfalls auseinandergesetzt haben.

Die Kosten für einen solchen Umbau des Energiesystems setzen sich aus einmaligen Investitionskosten und jährlich wiederkehrenden Betriebskosten zusammen. Beginnen wir mit diesen auch OpEx genannten Betriebsausgaben, die einen funktionierenden Geschäftsbetrieb ermöglichen. Darin enthalten sind Kosten für Roh- und Betriebsstoffe, Personalkosten, Energiekosten und Kosten für Vertrieb und Verwaltung.

In der folgenden Grafik, die nach Rücksprache mit dem Hauptautor der Studie, Professor Andreas Züttel, entstanden ist, sind diese jährlichen Betriebsausgaben als Kosten pro Kopf der Bevölkerung dargestellt, jeweils unterteilt für die drei in der Studie untersuchten Varianten zukünftiger Energiesysteme.

33 Andreas Züttel et al., 2022 siehe Fussnote 29

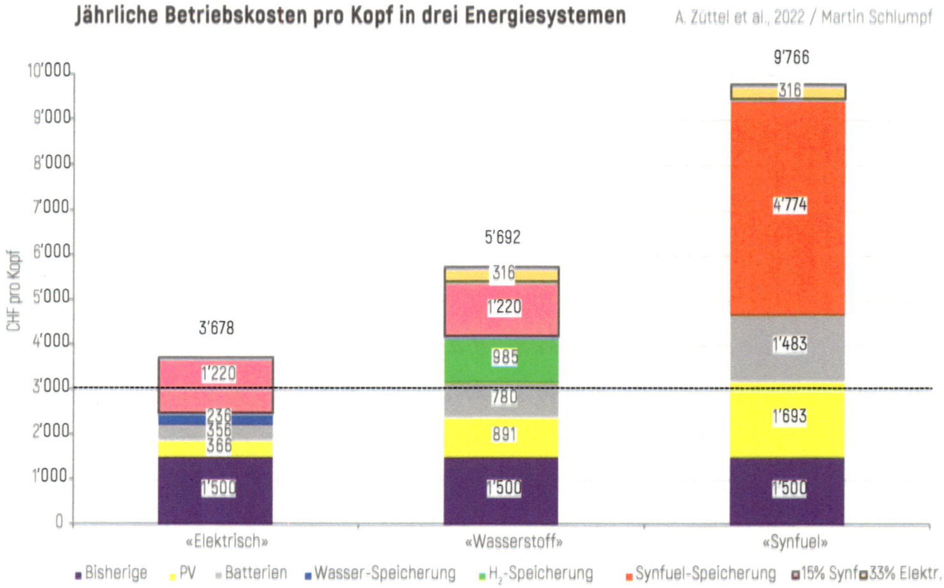

Alle Zahlen der Studie beziehen sich auf reale Kosten im Jahr 2019, zukünftige Preisentwicklungen sind nicht berücksichtigt. Im untersten violetten Kostenblock «Bisherige» ist unser bisheriges Elektrizitätssystem ohne die Kernkraftwerke erfasst. Der bedeutendste Anteil daran kommt aus der Wasserkraft.

Betriebskosten durch Elektrifizierung steigen um 23 Prozent

In der ersten Variante «Elektrisch» wird der Strom aus Kernkraftwerken und sämtliche fossilen Brenn- und Treibstoffe durch Elektrizität aus Solaranlagen ersetzt. Das hat zur Folge, dass die heute für Fotovoltaik (PV) sinnvoll nutzbare Dachfläche der Schweiz um das Dreifache ausgebaut werden muss: Das gelbe Preisschild in der Grafik gibt dafür Pro-Kopf-Kosten von 366 Franken an. Weil der Strom aber zusätzlich gespeichert werden muss, entstehen weitere Kosten: Für die Tag/Nacht-Speicherung in Batterien 356 Franken (grau) und für die saisonale Speicherung in Wasserkraftwerken 236 Franken (blau).

Da die Herstellung von Kerosin nicht elektrisch machbar ist, kommt noch ein letzter Kostenteil für die Produktion eines synthetischen Flugtreibstoffs dazu, der zuoberst rosa mit 1220 Franken beziffert ist. Insgesamt betragen die jährlichen Betriebskosten in einem solchen maximal elektrifizierten System also 3678 Franken pro Kopf. Als Vergleichsgrösse habe ich bei 3000 Franken eine schwarz gestrichelte Linie eingezeichnet: Das ist das, was wir heute für unseren gesamten Energieverbrauch ausgeben. Die Elektrifizierung würde somit einer Steigerung um 23 Prozent entsprechen.

Die Variante «Elektrisch» ist nicht realisierbar

Das dürfte finanziell tragbar sein – der Haken ist aber, dass dieses System technisch nicht realisierbar ist. Und zwar wegen der hier angenommenen Saisonspeicherung in Wasserkraftwerken. Die Studie spricht bei diesem Punkt klar von Pumpspeicherwerken, die notwendig sind, um den Überschussstrom aus dem Sommer für die Wintermonate in Speicherseen zu speichern. Bei der Darstellung der Grössenordnungen, wie das zu erreichen ist, benutzen die Forscher aber Grande Dixence – eine reine Speicheranlage, die für diesen Zweck nicht ausgerüstet ist.

Was Grande Dixence fehlt, sind einerseits die Pumpanlagen für das Hochpumpen des Wassers und andrerseits ein unteres Ausgleichsbecken für die Speicherung des Wassers. Technisch gerüstet für die geforderte saisonale Speicherung wäre in der Schweiz zum Beispiel das Pumpspeicher-Kraftwerk Linth-Limmern. Allerdings müssten für die hier angenommenen 18 Terawattstunden Stromspeicherung 660 solche Grossanlagen neu gebaut werden – bei Investitionskosten von 2,1 Milliarden Franken pro Werk. Es versteht sich von selbst, dass dies vollständig unrealisierbar ist, und zwar nicht nur aufgrund der Kosten, sondern auch aus geologischen und technischen Gründen.

Erwähnenswert ist noch, was es bedeuten würde, wenn die Sommer-Winter-Speicherung mit Batterien statt Wasserspeicherung gemacht würde, was technisch möglich wäre. Die jährlichen Pro-Kopf-Kosten würden so von 236 Franken auf über 36'000 ansteigen (!), und die globale Produktion von Lithium-Batterien müsste um den Faktor 30 gesteigert werden, allein um die Schweiz zu versorgen.

Ohne Elektrifizierung steigen die PV- und Batteriekosten markant

Die saisonale Speicherung muss also mit anderen Technologien gemeistert werden. Das geschieht in der Studie mit den Varianten «Wasserstoff» und «Synfuel». Wegen Wirkungsgradverlusten bedeutet das aber für beide dieser Systeme, dass die benötigte Solarfläche viel grösser sein muss als im elektrischen System. Und als Folge davon braucht man auch wesentlich grössere Batteriekapazitäten für die Tag/Nacht-Speicherung. Wie aus der Grafik ersichtlich, sind deshalb die entsprechenden gelben und grauen Kostenblöcke beim «Wasserstoff»-System mehr als zweimal, und beim «Synfuel»-System mehr als viermal grösser als im elektrischen System.

Im System «Synfuel» ist die Saisonspeicherung 20-mal teurer als elektrisch

Noch schlechter sieht es beim Vergleich der Kosten für die alles entscheidende Saisonspeicherung aus. Die 236 Franken für die (illusorische) Wasserspeicherung im System «Elektrisch» steigen im «Wasserstoff»-System durch den Betrieb von Elektrolyseanlagen und unterirdischer H2-Speicherung auf 985 Franken (grün), das ist gut viermal mehr. Und im «Synfuel»-System wären sogar mit 20-fach höheren Kosten von 4774 Franken zu rechnen (rot), weil hier die sehr ineffiziente CO_2-Abscheidung aus der Luft stark ins Gewicht fällt.

Schliesslich gibt es in jedem System noch «systemfremde» Teile, die ich mit einem grauen Rahmen speziell gekennzeichnet habe. Wie schon gezeigt, benötigt das elektrische System für den Kerosin-Ersatz die Technologie des «Synfuel»-Systems, und zwar mit einem Anteil von 15 Prozent (rosa). Dasselbe gilt auch im «Wasserstoff»-System. Weil dort und auch im «Synfuel»-System die Kernkraftwerke aber direkt elektrisch mit Solarstrom ersetzt werden, entsteht so noch ein Zusatz von 33 Prozent elektrisch (dunkelgelb).

10'000 bis 25'000 Franken mehr jährliche Energiekosten für eine Familie

Die heute pro Kopf anfallenden totalen Energieausgaben für Heizung, Mobilität und Strom von jährlich 3000 Franken steigen also bei allen drei in dieser Studie betrachteten Energiewende-Systeme an: Im rein elektrischen System um 23 Prozent, im System «Wasserstoff» um 90 Prozent und mit dem Einsatz von synthetischen Kohlenwasserstoffen um 225 Prozent. Für eine vierköpfige Familie würden dadurch die jährlichen Energieausgaben um 10'000 bis 25'000 Franken ansteigen.

Das alles ist aber eher noch optimistisch gerechnet. Denn erstens wurde die Wasserkraft in der Studie als Bandenergie angenommen, die über das ganze Jahr gleich bleibt. In Wirklichkeit aber ist der Stromertrag aus den Wasserkraftwerken im Winter durchschnittlich nur 43 Prozent – und dies nach der Glättung durch all unsere Speicherseen. Weil wir aber im Winter mehr verbrauchen, würde die Berücksichtigung dieses Faktors dazu führen, dass die saisonale Speicheranforderung grösser als die hier veranschlagten 18 Terawattstunden wäre.

Zusätzliche Pufferkapazitäten machen alles noch teurer

Und zweitens wird hier ein vollständig CO_2-neutrales Energiesystem postuliert, das ausschliesslich auf der Elektrizitätserzeugung aus Wasser und Sonne beruht. Diese beiden nicht steuerbaren Produktionsformen schwanken aber stark in ihrem Jahresertrag. Die Wasserkraft beispielsweise in den letzten zehn Jahren zwischen 35 und 41 Terawattstunden. Weil die Studie aber überall von Durchschnittszahlen ausgeht, müssten noch zusätzliche Pufferkapazitäten hinzugerechnet werden, um das System gegen alle drohenden Knappheiten zu wappnen, womit alles noch teurer würde.

Investitionskosten von 160 bis 735 Milliarden Franken

Kommen wir zum zweiten Teil der Kosten, den auch CapEx genannten Investitionsausgaben, die für den Bau all der zusätzlich notwendigen PV-Anlagen, Batterien, Staumauererhöhungen, Elektrolyseanlagen, unterirdischen Speicherkavernen und chemischen Fabriken notwendig wären. Das sind in der Regel einmalige grosse Ausgaben, die je nach Lebenszeit der Anlagen über die Jahre amortisiert werden. In dieser Studie wird dafür der eher tief angesetzte Zinssatz von 2 Prozent verwendet.

13 bis 60 Mal die Kosten des Gotthard-Basistunnels

Für die Realisierung des Systems «Elektrisch» wären nach den Berechnungen der ETH-Forscher Investitionsausgaben in der Höhe von 161 Milliarden Franken nötig. Im wasserstoffbasierten System würden diese Kapitalkosten auf 326 Milliarden steigen und im «Synfuel»-System mit 735 Milliarden den maximalen Wert erreichen. Um sich eine Vorstellung dieser Zahlen machen zu können, vergleichen wir sie mit den 12 Milliarden Franken, die der Bau des Gotthard-Basistunnels gekostet hat – der längste Tunnel der Welt, mit einer Bauzeit von 17 Jahren. So gerechnet verschlingt das System «Elektrisch» 13 Mal, das System «Wasserstoff» 23 Mal und das System «Synfuel» 61 Mal die Kosten des Gotthard-Basistunnels.

Können Solarfarmen in Australien zur Lösung beitragen?

Weil das alles den Eindruck einer kaum lösbaren Herkulesaufgabe erweckt, stellt sich die Frage nach anderen Wegen. In der Studie werden zwei davon erwähnt. Im Zusammenhang mit der Frage des Strompotenzials aus PV-Anlagen wird erstens zu Recht darauf hingewiesen, dass in Ländern im Äquatorbereich die Sonneneinstrahlung viel grösser und das saisonale Speicherproblem nicht existent ist. Wir könnten also beispielsweise in Australien grosse Solarfarmen aufstellen, daraus vergleichsweise billigen grünen Wasserstoff herstellen, diesen in riesigen Tankern nach Italien verschiffen und von dort via Pipeline in die Schweiz bringen.

Oder wir versuchen mit afrikanischen Ländern Abkommen zu schliessen, um synthetische Kohlenwasserstoffe zu importieren. Leider lassen die Erfahrungen, die wir mit Corona und jetzt mit dem Ukraine-Krieg gemacht haben, wenig Hoffnung, dass mit solchen bilateralen Abkommen eine Energieversorgungssicherheit aufgebaut werden kann. Sogar in Australien, das politisch verlässlich erscheint, hat die neu gewählte Regierungspartei den Kurs der Energiepolitik geändert.

Mit Gaskraftwerken bleiben 40 Prozent der CO_2-Emissionen

Und als zweite Option gäbe es noch die Notlösung der Gaskraftwerke. Nach der Studie könnten sechs neu gebaute Gaskraftwerke zu je 1100 Megawatt, die 150 Tage im Jahr laufen würden, die Winterstromlücke stopfen. Das würde aber bedeuten, dass das eigentliche Ziel der ganzen Bemühungen, die vollständige Dekarbonisierung, verfehlt würde: Fast 40 Prozent der heutigen Treibhausgas-Emissionen würden weiterhin ausgestossen.

Kernkraftwerke sind die Lösung für das Winterstromproblem

Auch wenn die Studienautoren zu recht dafür plädieren, dass wir uns immer alle Wege offenhalten, die hier beschriebenen Technologien weiterentwickeln und auch miteinander kombinieren sollten, scheint eine solche Energiewende nicht zu gelingen. Und das Verrückte ist, dass ein Thema dabei völlig Tabu ist: die Kernkraft. Ausgerechnet derjenige Energieträger, der die grössten Probleme auf einen Schlag aus der Welt schaffen würde: Mit Kernkraftwerken wäre die Winterstromversorgung gesichert, ohne irgendwelche Speicherung. Und wir müssten nicht derart viel Siedlungsfläche für PV-Panels überbauen und keine Batterien in jedem Haus aufstellen. Damit könnten wir auch den gewaltigen Materialverschleiss verhindern, der durch die hier beschriebenen Energiesysteme verursacht wird.

Nachwort

Ohne Markus Somms Entscheid, mich als «Nebelspalter»-Kolumnist anzustellen, wäre dieses Buch nicht entstanden: besten Dank an Dich, Markus. Den konkreten Anstoss aber, mich intensiv mit der Frage «Atom versus Solar» auseinander zu setzen, gab mir ein Vortrag der Technik-Historikerin Anna Veronika Wendland anlässlich einer Veranstaltung des Nuklearforums im Oktober 2021. Dort wurde mir die Aktualität und Dringlichkeit dieses Themas bewusst, worauf ich den Rahmen einer Reihe meiner Kolumnen entsprechend festgelegt habe.

Jede einzelne dieser Kolumnen (Schlumpfs Grafik) ging vor dem Druck jeweils über den Schreibtisch von Alex Reichmuth, als Redaktor beim «Nebelspalter». Für alle sprachlichen und inhaltlichen Verfeinerungen, die von Dir beigesteuert wurden, danke ich Dir, Alex, sehr herzlich. Nachdem alle Kolumnen erschienen waren, hat mich mein Kollege Hans Rentsch gefragt, ob ich damit nicht ein Buch gestalten möchte? Nach meiner Zusage diskutierten wir über die Form des Buches, wobei sich die jetzige Struktur mit dem Vorwort von Hans und den eingeschobenen Fach-Exkursen ergab. Auch Dir, Hans, besten Dank.

Und schliesslich darf ich mich ausserordentlich glücklich schätzen, dass alle von mir angefragten Experten bereit waren, entsprechende Fachartikel für das Buch zu schreiben. Dass Ihr alle noch ohne Zusicherung einer Verlagsedition bereit wart, mitzuschreiben, rechne ich Euch allen sehr hoch an: Ganz grossen Dank deshalb auch an Alex, Walter, Simon, Markus und Johannis.

Die Verlagsvermittlung schliesslich hat bei einem Mittagessen mit Konrad Hummler ihren Ausgang genommen: Durch Dich, Konrad, habe ich zum ersten Mal von der Edition Königstuhl gehört, dafür auch Dir herzlichen Dank. Und mit Deiner Empfehlung hat schliesslich Manfred Hiefner, der Verlagsleiter der Edition Königstuhl dieses Atom-Buch in sein Programm aufgenommen: Ohne Dich, Manfred, wäre diese schöne Edition nicht zustande gekommen, besten Dank dafür.

Und jedes Mal, wenn ich eine Kolumne als Entwurf fertig hatte, habe ich sie meiner Frau, Antoinette Schweickhardt zum Durchlesen geschickt: Ganz herzlichen Dank, Antoinette, für Deine hilfreichen und klugen Anmerkungen. Wenn es trotz allem aber noch Fehler oder Unklarheiten in meinen Texten geben sollte, so liegt die Verantwortung ganz allein bei mir.

Biografien

Prof. Martin Schlumpf ist Musiker und Publizist. Nach seinem Musikstudium (Klarinette, Klavier, Theorie und Dirigieren) wurde er 1977 Professor für Musiktheorie und Improvisation an der Musikhochschule Zürich. Als diese 2007 in die Zürcher Hochschule der Künste integriert wurde, war er dort bis zu seiner Pensionierung 2011 Senats- und Hochschulversammlungs-Präsident. Sein umfangreiches Werk als Komponist erschien in der Edition Kunzelmann, zahlreiche Konzerte in der Schweiz, in Europa und in den USA folgten. Daneben hat er immer wieder als improvisierender Musiker – vor allem in eigenen Bands – gearbeitet, was auf einer grossen Zahl von CDs dokumentiert ist. Von 2016 bis 2021 organisierte er in der Druckerei in Baden AG die Konzertreihe «schlumpf+». Seit seiner Pensionierung setzte er sich immer mehr auch mit philosophischen und wissenschaftlichen Themen auseinander. Dies hat zu einer Reihe von Publikationen geführt, aus denen 2021 die Anstellung als Grafik-Kolumnist im Online-Medium «Nebelspalter» erwachsen ist.

Dr. Simon Aegerter lernte Möbelschreiner, bevor er an der Universität Bern Physik, Mathematik und Astronomie studierte. Nach der Promotion verbrachte er Forschungsaufenthalte in Indien und Kalifornien. Von 1969 bis 1980 leitete er die Abteilung «Exakte Naturwissenschaften» des Schweizerischen Nationalfonds und bis 1986 das Technorama. Anschliessend wurde er selbständiger Unternehmer. Zusammen mit einem seiner Söhne baute er ein Unternehmen in der Softwarebranche auf, das sie 1999 verkauften. Mit einem Teil des Erlöses gründete Aegerter die «cogito foundation» zum besseren Verständnis zwischen Geistes- und Naturwissenschaften. Er ist Autor des 2020 im NZZ-libro Verlag erschienenen Buches «Das Wachstum der Grenzen».

Dr. sc. tech. (ETH) Johannis Nöggerath hat Werkstoffwissenschaften mit Schwerpunkt auf kerntechnischen Materialien studiert und im Bereich der Werkstoffphysik promoviert. Nach dem Studium arbeitete er einige Jahre im Kraftwerksbau in Deutschland. Zwischen 1987 und 2003 war er in leitender Funktion der schweizerischen Nuklear Aufsichtsbehörde ENSI tätig. 2003 trat er in das Kernkraftwerk Leibstadt über und unterstützte die Sicherheits- und Risikoanalyse. Von 2008 bis 2020 leitete er die Sicherheitsanalytik und war Mitglied der Kraftwerksleitung. Zwischen 2008 und 2013 präsidierte er zudem die Gesellschaft für Kernfachleute (SGK) und war im Vorstand des Nuklearforums Schweiz. Seit seiner Pensionierung führt er ein eigenes Consultingunternehmen für die Nuklearbranche. Er ist Mitglied des Carnot-Cournot-Netzwerks, das sich primär mit energie- und klimapolitischen Themen beschäftigt.

Alex Reichmuth hat Mathematik und Physik studiert und arbeitet seit 25 Jahren als Journalist. Er war unter anderem für Radio DRS, das Schweizer Fernsehen und die «Weltwoche» tätig. Heute ist er Redaktor beim «Nebelspalter».

Hans Rentsch ist promovierter Ökonom und freier Wirtschaftspublizist. Nach dem Studium arbeitete er in verschiedenen Funktionen in der Privatwirtschaft, später als selbständiger Organisations- und Strategieberater. Er war bis 2008 geschäftsführender VR-Präsident einer Software-Firma für Börsenplattformen. Parallel dazu leitete er im Auftrag des Think Tanks Avenir Suisse mehrere Projekte in den Schwerpunktthemen Wirtschaftswachstum, Institutionen, Unternehmenssteuern und Agrarpolitik. Im Februar 2017 erschien bei NZZ Libro sein Buch mit dem Titel «Wie viel Markt verträgt die Schweiz?». Er ist Mitglied des Carnot-Cournot-Netzwerks, das sich primär mit energie- und klimapolitischen Themen beschäftigt.

Dr. Walter Rüegg ist promovierter Kernphysiker mit einem starken Interesse für Medizin (insbesondere für Strahlenbiologie), Energiesysteme und Klima. Er war 15 Jahre lang an der ETH in der Grundlagenforschung tätig, auf dem Gebiet der Kern-, Teilchen- und Festkörperphysik. Anschliessend arbeitete er für 25 Jahre in der ABB, vorwiegend im Bereich Elektronik, Sensorik und Energietechnik, war Mitglied des Konzernforschungsstabes und verantwortlich für grössere internationale Forschungsaktivitäten. Als langjähriger Chefphysiker der Schweizer Armee hat er sich intensiv mit der Radioaktivität und ihrer Wirkung auf Menschen und Umwelt befasst. Heute ist er selbstständiger Berater und Publizist.

Markus Saurer Ökonom, lic. rer. pol., arbeitet seit 2004 als selbständiger ökonomischer Berater und Publizist vor allem in wettbewerbs- und regulierungsökonomischen Fragen. Er ist zudem Vorstand und Gründungsmitglied des Carnot-Cournot-Netzwerks und Expertenbeirat im Energie Club Schweiz. Zuvor war Markus Saurer Leiter von Plaut Economics (heute Polynomics AG), Vizedirektor und Leiter Produktemärkte im Sekretariat der Wettbewerbskommission, Leiter Ökonomie in der Unternehmensentwicklung und Berater des Präsidenten in der GD PTT sowie wissenschaftlicher Mitarbeiter und stellvertretender Sektionschef Planung im Bundesamt für Verkehr.

Verzeichnis Grafiken